Bibliothèque Vis

Picasso – Les chefs-d'œuvre

Le cinquième volume de *La Bibliothèque Visuelle* est consacré aux premiers travaux où le jeune Pablo Picasso a conquis une réelle autonomie artistique, les toiles de la Période bleue. 1901–1904, trois années où pour la première fois Picasso séjourne aussi longtemps à Paris, et durant lesquelles il accomplit un pas décisif dans son évolution: il s'empare de la tradition pour la dépasser aussitôt, radicalement, et se débarrasse de ses propres débuts commencés sous les auspices d'un Impressionnisme tardif. Influencé par van Gogh et le Symbolisme des années autour de 1900, sous le coup d'événements personnels qui l'ont fortement ému, Picasso peint une série de portraits réalistes et des toiles d'une tonalité mélancolique, sombre, où dominent des teintes bleues, assourdies. Avec un pathos quasi expressif, l'artiste qui vient juste d'avoir vingt ans convertit son épreuve de la pauvreté et de la détresse, du deuil et de la mort en des images dont la qualité impressionne vivement, qui ne sont pas que la substance de sa propre création future, mais qui mettent en place les éléments stylistiques essentiels de l'Art de notre siècle. Ce volume contient trente-huit chefs-d'œuvre choisis de la Période bleue qui en comprend plus d'une centaine.
Laszlo Glozer, auteur du texte d'introduction, est critique d'Art et écrivain. Né en 1936 en Hongrie, il fait ses études d'Histoire de l'Art à Fribourg et Munich et enseigne actuellement comme Professeur d'Art contemporain à l'Ecole des Beaux Arts de Hambourg.

104 pages, 38 planches en couleurs

Picasso

Les chefs-d'œuvre de la Période bleue
38 tableaux

Avec un texte
de
Laszlo Glozer

Schirmer/Mosel

Autorisations de reproduction

Reproduction avec l'autorisation de Trustees, The National Gallery, Londres: 7; © by The Metropolitan Museum of Art, New-York: 8, 11, 32, 33; Avec l'autorisation de Harvard University Art Museums (Fogg Art Museum): 9, 17; © Musées Nationaux, Paris: 12, 15; Cliché Musées de la Ville de Paris © by SPADEM: 13; © Nationalgalerie Oslo, Photo Jacques Lathion: 27; Los Angeles County Museum of Art, Estate of David E. Bright: 28; © Bayerische Staatsgemäldesammlungen, Munich, Blauel/Gnamm-Artothek: 30; © 1983 The Art Institute of Chicago. Tous droits réservés: 34; Didier Imbert – Fine Arts, Paris: 36; © 1986 The Art Institute of Chicago. Tous droits réservés: 38; Collection Museu de Arte de São Paulo, Brésil; Photo de Luiz Hossaka: 37; © SPADEM: 23.

Reproduction de couverture:

Autoportrait bleu, 1901
Huile sur toile, 60 x 80 cm
Musée Picasso, Paris

Lithographie: O. R. T. Kirchner & Graser GmbH, Berlin
Composition: SchumacherGebler, Munich
Impression: aprinta, Wemding
Reliure: Sellier, Freising

ISBN 3-88814-523-6

Une production Schirmer/Mosel

Table des matières

I. Picasso

Qui est Picasso?
Tout le monde le sait: le plus grand artiste du XXᵉ siècle, le plus célèbre, dont le nom seul est un symbole. Même si on ne connaît pas de tableaux, les siens ou d'autres, on sait à quoi s'en tenir: Picasso, c'est l'Art moderne, l'Art qu'on ne comprenait pas. Picasso c'est l'expérimentation, la provocation effrontée. Le nom est l'emblème du Nouveau, il vaut tout un glossaire de qualificatifs, remplace la règle à calculer les – ismes en Art, est synonyme de métamorphoses artistiques déconcertantes et souveraines.
Aussi longtemps qu'a duré l'aventure des Modernes, Picasso a été le héros de la scène. Le débat sur l'Art a été une querelle autour de Picasso. La gloire lui a appartenu sans discussion, avant même que les Modernes fussent devenus classiques.
Aujourd'hui, on peut difficilement imaginer que quelqu'un ait pu jouer un tel rôle, pendant tant d'années, et que cela continue. Depuis les années *héroïques* du Cubisme, bien avant la Première Guerre mondiale, Picasso a été le peintre des connaisseurs et la figure de proue de l'Avant-Garde pour un public intéressé, mais dont les réactions étaient frileuses devant l'Art.
Les tableaux ont immédiatement marqué: «Qui pénètre la Salle Picasso de la Collection Tschukin à Moscou est saisi d'un frisson inquiétant», rapporte en 1914 Nicolaï Berdiaiew, et ce contemporain est très profondément troublé, non seulement par cette peinture et l'avenir de l'Art, mais par l'ébranlement de la vie cosmique, face à un changement de direction du destin en général. «Un vent glacé déchire un voile après l'autre, toutes les fleurs et toutes les feuilles tombent, la peau des choses éclate. J'ai l'impression que plus jamais il n'y aura un printemps, plus jamais de feuillage, ... comme si le terrible

hiver de Picasso n'avait pas seulement mis en pièces toutes les apparences, mais ébranlé aussi le monde physique dans ses profondeurs. Comme si s'était produit une mystérieuse explosion du Cosmos.»
Beaucoup d'artistes ont participé à cette révolution. Même à s'en tenir strictement à la peinture, le regard devrait tomber, outre sur Picasso, sur Georges Braque: tous deux avaient, comme en cordée, réalisé ce tour de force de l'ascension cubiste. Aucune ombre ne se profila sur l'association productive des premières années, même quand bien plus tard Braque fit le compte de ses découvertes créatrices, car Picasso ne l'a pas contredit. Malgré tout, Berdiaiew et tous les autres contemporains qui ne voient que Picasso, ne s'y trompent pas: tout ce qui est venu par la suite, mais aussi ce qui a conduit au seuil de la rupture picturale et plastique du cubisme, parle pour l'auteur Picasso. Citons une fois encore celui qui avait vu la fabuleuse Collection privée russe d'avant la guerre, pour qui Picasso est «l'acteur génial de la désagrégation, de la scission des fondements du monde physique et de sa désintégration ...»; un dé-couvreur impitoyable de toutes ces illusions qui viennent de la beauté incarnée. «Quand j'ai contemplé les tableaux de Picasso, la certitude s'est emparée de moi qu'il se passait quelque chose d'étrange et j'ai ressenti de la pitié et de l'affliction pour la vieille beauté de notre monde, mais en même temps, j'ai éprouvé une grande joie devant la naissance du Nouveau».
Même si les années de recherches – au long du nerf mis à vif du temps – ont été courtes et que, libéré du fonds des trouvailles cubistes, Picasso, prenant appui librement sur le fonds, se mit à peindre des esquisses pour des décors de ballets, des intérieurs vaporeux et de volumineux corps humains, tout ce qui a suivi n'a fait qu'enjoliver le mythe: le démiurge redouté se révélait être quelqu'un qui sait tout faire. Ses innovations formelles téméraires ont été combattues comme un jeu cynique et en même temps, bien sûr, chantées comme un miracle de fantaisie créatrice. Hors compétition – avec un regard fortuit jeté en passant sur Matisse – et, pour ainsi dire, exterritorial, en plein Paris et cependant au mieux protégé, le travail de Picasso se développa avec une gloire toujours grandissante. A la lisière des nouveaux mouvements qui prennent leur élan, l'artiste aux aguets reste dans l'actualité. Pendant, par exemple, que le jeune André Breton déniche d'anciennes œuvres de Picasso pour l'arbre généalogique du surréalisme, Picasso, pour

sa part, pille des idées et des suggestions surréalistes, en les transformant de manière souveraine et sans se lier, le moment de surprise passé.
Le cours de son œuvre à partir du cubisme est une revue des étonnements, irrégulier, mais nullement arbitraire. A coup de sensations fortes, il dépasse les attentes de son public, subjugue chaque fois par l'abondance des solutions formelles inédites, l'acuité, la vivacité et la hardiesse, grâce à une écriture imaginative qui ne connaît aucun point mort, sinon pour badiner. Nul regard en arrière. Picasso, avec ses nouveaux enjeux, est contemporain des années vingt, des années trente, même si le côté progressif de sa démarche est lié à ses commentaires des avant-gardes, et son œuvre, aux variations *qui vont de l'avant*.
Dans les tableaux de Picasso on reconnaît le monde qui change. Le témoignage tôt venu de Russie rend intelligible cette expérience dérangeante. En deça de toutes les théories, il y a eu une confrontation inévitable avec la perception, une soudaine attaque contre elle, accompagnée d'une frayeur devant la réalité que ses tableaux ont directement manifestée avant même que la réflexion sur les catégories de l'Histoire de l'Art ait pu statuer. Dans ce champ artistique contemporain se situe la révolution, très vite mise au rencard dans les discussions, à laquelle on a donné le nom de Cubisme. En quelques années seulement, des peintres parisiens ont systématisé les possibilités du langage pictural cubiste, mais pendant cette phase très rapide d'académisme, Picasso avait déjà disparu: avec des natures mortes bizarrement décoratives, vivement colorées, mouchetées, aux surfaces qui s'entrecroisent, il dissous son propre bien-fonds de formes et s'enfuit – devant la banalité d'un dogme cubiste.
Avec un coup d'œil rétrospectif sur l'ensemble de l'effet produit, on peut reconnaître un modèle de comportement: le peintre de la nouveauté ne se laisse pas récupérer, c'est quelqu'un qui est à part, qui, grâce à l'intelligence de sa capacité subversive de métamorphoses, épate amis et ennemis. L'infidèle fondateur de l'anéantissement cubiste des formes résoud toujours l'exigence du génie avec des décisions qui le libèrent de la contrainte du style, le montrent à l'écart et pourtant, dans le même temps, proche des confrères qu'il surpasse. Ainsi a-t-on pu être jusqu'à la fin dans *l'impatience* des nouvelles œuvres de Picasso, jusqu'à la dernière Première d'Avignon en 1970.

II. Picasso avant Picasso?

L'histoire de la gloire de Picasso remonte à l'époque de ses peintures cubistes. Elles font fureur, et pas uniquement dans les milieux artistiques. Aux émotions des spectateurs s'associe ensuite l'Histoire de l'Art: elle aussi juge la soudaine arrivée d'un outsider comme la rupture la plus importante – depuis Cézanne – dans le développement continu de la peinture moderne. Telle toile qui, pendant longtemps, est restée roulée dans l'atelier devient le tableau du siècle. Depuis sa «découverte» dans les années vingt, il figure dans tous les livres d'Histoire de l'Art; il devient l'œuvre essentielle, intemporelle, des modernes, un retable du grand chambardement. Au vu de ce classique, le fait de dire que Picasso n'avait pas encore trente ans quand il a peint *Les demoiselles d'Avignon* semble être une manière de broder l'anecdote. Au début de la trentaine, l'Espagnol de Paris était, au-delà du cubisme, le génie libéré qui défaisait ses liens pour se situer au-dessus des considérations intellectuelles étriquées sur l'art de peindre. Dans la vigilance de sa propre mise en scène, jongleur de son savoir, il devint, ce que tout le monde sur très vite reconnaître: *Picasso.*
Le grand jeu de rôles dans lequel s'aventure le personnage Picasso, désormais public, s'apparentera au succès d'un slogan. Une publication espagnole bientôt traduite en français, dévoila, après la Seconde Guerre mondiale, l'immense travail préparatoire de celui qui montait en grade, répertoria et analysa pour la première fois la perspicacité gloutonne, zélée et assidue d'un talent exceptionnel dans le monde artistique. Le livre d'Alexandre Cirici-Pellicer compléta et augmenta d'un thème nouveau ce mythe, unique pour un peintre du XXe siècle: *Picasso avant Picasso.*
La popularité de ce livre dans les années cinquante s'explique par ce portrait largement brossé qui prenait le contrepied de l'Abstraction régnant alors en maître: Picasso n'avait en réalité rien à voir avec elle. On lui en donna cependant, à lui, *Picasso,* la responsabilité spirituelle. Entre les lignes et dans la vision réanimée du conte de fée de l'apprenti-sorcier de Goethe, se tenait prête la morale de l'histoire: ce prélude, pour une grande part laissé-pour-compte, devint un document écrasant. Un peintre local de Barcelone se fait connaître par des portraits moraux aux contours parfaits, des esquisses et des caricatures, des notations géniales. Bientôt, après un premier séjour à

Paris, la thématique de la bohême fait son entrée dans l'image, avec des couleurs splendides. En bleu, la douleur du monde et une émouvante image des pauvres gens se mêlent de manière insupportable. L'éclaircie en rose ne contraria pas l'arlequinade des nomades du cirque. A l'époque de cette confrontation de Picasso avec Picasso, le peintre à succès de Paris s'appelait Bernard Buffet et les opinions étaient partagées. Du point de vue de l'histoire de l'accueil des œuvres, cette découverte des tableaux de jeunesse apporta des arguments réactionnaires à la discussion sur l'Art qui eut lieu alors. Picasso avait déjà quitté Paris pour s'établir dans le Sud.

Picasso avant Picasso: jusqu'à aujourd'hui cette formule n'a rien perdu de sa fascination. Sous l'impulsion de cette première synthèse, l'œuvre de jeunesse relue par Pierre Daix et Georges Boudaille a revélé un ensemble qui semblait donner aux premières étapes de sa création la même importance qu'aux autres plus tardives, plus connues et plus révolutionnaires.
Il n'avait évidemment pas été nécessaire de tirer les chefs-d'œuvre bleus et roses de leur oubli. Ils étaient depuis toujours hautement appréciés de leurs collectionneurs; ils n'étaient pas non plus absents de cette rétrospective qui fut organisée à Paris en l'honneur des cinquante ans de Picasso, et qui se différencia de toutes celles qui eurent lieu par la suite par une particularité qui n'est pas sans importance: c'est Picasso lui-même qui présida au choix. S'il était besoin de prouver que pour le peintre lui-même, longtemps avant l'invention de cette notion habile, il n'y avait pas de Picasso avant Picasso ni de zone tabou avant la césure historique, la démonstration serait faite. Il a assuré lui-même sa propre mise en scène pour la rétrospective de 1931: il avait ses premières œuvres bien en mémoire.
Malgré cela, la rélévation de cette œuvre changea le regard que l'on portait sur Picasso. Elle a réellement fait sensation, même en mettant de côté l'effet-rupture monté en épingle. Car les pièces redécouvertes, enrichies encore par la monumentale publication de Palau i Fabre sur les tout premiers travaux de jeunesse, offraient un panorama inattendu.
Certes, dans tout cela on reconnaissait toujours Picasso. Pas devant les autres ni seul, mais dans le paysage de la peinture de l'époque. Il était présent, se mettant en avant, souvent en autoportrait, thème qui disparut bientôt pour des décernies – mais il ne quitta pas tout à fait, ni tout de suite, les habits

et les poses de l'époque; sauf, et avec force, quand, au tournant du siècle, il peignit une fois brutalement sur la toile les lettres «YO» : «MOI».
Ce geste souligne le sentiment que le peintre de vingt ans a de sa propre valeur et le montre sur le chemin de l'indépendance à laquelle il aspirait depuis le début. Il n'empêche que ce parcours créatif d'affirmation de soi, qui le conduit à travers l'Art de l'époque, est un processus d'appropriation continue. Une œuvre immense se révèle à vingt-cinq ans, au seuil du Cubisme: Picasso aurait pu jeter un regard rétrospectif sur l'œuvre précoce qui, déjà, aurait pu être celle d'une vie tout entière. Il se lança vite vers des rencontres neuves, précieuses.

Picasso avant Picasso: c'est la montée vers la gloire. Pas une profession de foi esthétique claire et nette, mais plutôt déjà le fondement dynamique d'une méthode de travail tout aussi circonspecte qu'inconvenante: genèse d'artiste.
Au début des années trente, le photographe Brassaï rencontra Picasso. L'Espagnol de Paris était maintenant célèbre dans le monde entier et connu, pour ses habitudes mondaines aussi. Tout semblait changé – sauf le travail. Déconcerté, le chroniqueur attentif décrit la double vie du grand artiste qui tient volontiers salon et s'enferme la nuit pour peindre. En bavardant à l'occasion d'une question sur le nom de «Picasso», il découvre la trace de cette indompable ambition qui a dû pousser le jeune homme hors de sa province. Est-ce que le jeune peintre a pris le nom de sa mère avec une intention précise? La réponse de Picasso est d'un calme souverain: «Mes amis de Barcelone m'ont appelé déjà de ce nom ... Il était plus étrange, plus sonore que Ruiz. Et c'est probablement pour cette raison que je l'ai adopté. Savez-vous ce qui m'attirait dans ce nom? Eh bien sans doute, le S redoublé, assez inusité en Espagne ... Picasso est nom d'origine italienne, vous le savez. Or le nom qu'on porte ou ... adopte a son importance ... M'imaginez-vous m'appelant Ruiz? Pablo Ruiz? Diego-José Ruiz? ou Juan-Népomucène Ruiz? On m'a donné je ne sais combien de prénoms ... Avez-vous remarqué d'ailleurs le S redoublé dans le nom Matisse, de Poussin, du Douanier Rousseau? ...»
Sans façon, le conquérant dévoile sa stratégie précoce. Et en effet, on peut lire cette ambition tourmentée dans l'abondante œuvre de jeunesse, à travers les changements de signature. De P. Ruiz – c'est ainsi qu'il signe en

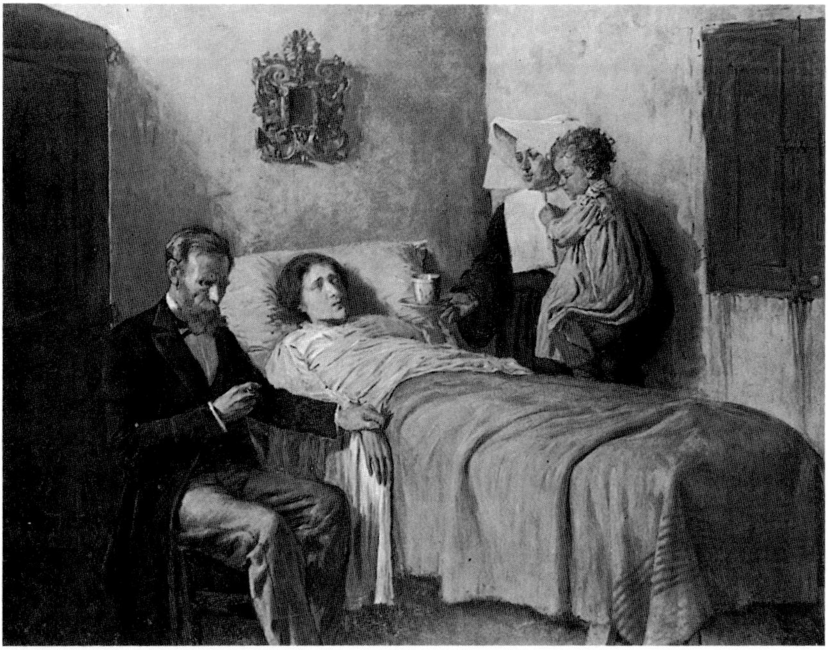

Science et charité, 1897. Huile sur toile, 197 x 249,4 cm.
Museu Picasso, Barcelone.

1892, à onze ans, ses dessins d'hirondelles, de lapins et de combats de taureaux – on passe au fil des ans à P. Ruiz Picasso, puis à P. R. Picasso et, finalement, à la griffe Picasso, trouvaille du moi de l'artiste au début du siècle: «YO – Picasso».

Ce ne sont que des signes: la voie impétueuse de l'évolution de Picasso ne se laisse pas si aisément enchaîner. Sa préhistoire est une histoire d'amputations riche en détours – père, école, province. Il recueille les influences, filtre et repousse. Mais dès le départ, c'est un professionnel. Il n'y a aucune raison de mettre en doute ce que l'artiste mûr a livré à Brassaï, son confident: il n'aurait jamais dessiné librement, comme un enfant; mais dans le territoire familial et dès le commencement, comme un adulte. C'est le prix de sa liberté: sage comme un vieux, armé dès le départ pour la compétition, le fils du professeur de dessin n'avait même pas besoin, si nécessaire, d'évincer le dessinateur de colombes qui avait, auf fil du temps, renoncé à tout. Don José, toutefois, selon la petite histoire, n'avait délaissé ses pinceaux qu'après avoir reconnu le génie de son fils. Picasso ne lâcha pas sa victime. Son père devint son modèle préféré. Tantôt ce sont des caricatures moroses du père, qui rappellent les têtes de saints du Gréco, tantôt il devient le médecin dans le tableau réaliste plein de virtuosité, au thème symbolique de *Science et charité*.

Tout en restant parfaitement capable d'exécuter des exercices académiques, son immense curiosité, une grande rapidité de compréhension et une disponibilité toujours ouverte aux nouvelles directions, qualités dominantes que ses amis de jeunesse rapportent, le préservent de l'immobilisme et de la répétition. Ses amis sont sans cesse confrontés à l'avance qu'il prend. Quand il va accueillir à la gare Jaime Sabartés pour le mener en hâte devant les premières toiles bleues, celui-ci reste tout d'abord sans voix. Mais ensuite l'ami décontenancé trouve l'expression juste: «*Je m'habituerai à eux*». Le futur rituel des Premières de Picasso est ici programmé d'avance.

Ce n'est pas un artiste méconnu. Louanges, renommée, attentes d'un cercle d'amis parisien grandissant, soutiennent le jeune artiste. Il est désormais sur ce chemin qui le mènera à devenir «le» peintre de la capitale, celui qui engloutit avec un appétit sans limites la peinture des maîtres, anciens et nouveaux. Il prit avec décontraction le reproche qu'on lui faisait de copier: «Peut-être. Mais on n'a jamais confondu un Toulouse-Lautrec ou un Steinlein avec une de mes toiles. Il vaut mieux copier un dessin ou un tableau que de s'en inspirer ou de faire la même chose. Dans ce cas-là, on risque de ne produire que les erreurs du modèle. L'atelier d'un peintre devrait être un laboratoire.» Effectivement Picasso brouille les cartes, faisant la navette entre Paris et l'Espagne, liant librement les époques, mélangeant avec provocation de somptueuses traditions de cour avec la modernité frivole de la métropole nocturne quand il confronte, dans certaines toiles, Toulouse-Lautrec et Velasquez. Ces subtilités spontanées marquent certains de ces tableaux-éprouvettes comme les produits étincelants et précieux du Jugendstil: c'est le même tempérament fantasque chez Picasso pour qui la peinture a toujours été, et pas seulement dans sa définition tardive, «un jeu de l'esprit». Dans sa conquête de Paris, le peintre joue sur tous les registres à la fois. C'est avec audace et pour acquérir la

notoriété que Picasso s'engage dans sa première Exposition personnelle chez Vollard, l'été 1901. Et, de fait, un critique de *La revue blanche* découvrit les «sparring-partners» de Picasso. A côté des grands maîtres du passé, il cite, influences probables faciles à repérer, Delacroix, Manet, Monet, Van Gogh, Pissaro, Toulouse-Lautrec, Degas, Forain, Rops. Mais le même Félicien Fagus ajoute aussi: «Toutes ces influences sont passagères, aussitôt envolées que captées: on voit que l'allure impétueuse de Picasso lui a à peine laissé le temps d'exprimer un style propre: sa personnalité est justement dans cette hâte d'aller de l'avant ...»
Fagus a compris *la manière de Picasso*. Il a trouvé le ton qui rend justice à cet artiste exceptionnel et avide de succès. Il se peut que Picasso, qui a dû se sentir flatté par cette filiation, ne soit pas resté insensible à la remarque finale du clairvoyant critique: «Toutefois, dans cette impétueuse vivacité, il y a aussi un danger, car elle pourrait mener à une virtuosité superficielle et à un succès par trop rapidement conquis. Productivité et fécondité se sont pas identiques, tout comme violence et énergie. Et cela serait, au vu d'un rayonnement aussi viril et fort, très profondément regrettable.» En tous cas, sa spontanéité, dans les toiles bleues qui suivent immédiatement, se soumet à plus de contrôle du style. La thématique offerte par le grande ville, dont il venait juste de se saisir et qu'il avait développée luxuriante, grâce aux emprunts, se resserre en une peinture de caractère, à l'expression forte et fascinante. Par la concentration saisissante de la couleur et de la forme, Picasso atteint pour la première fois à une manière personnelle. Mais elle n'a rien de définitif. A première vue, impossible de s'y tromper: les toiles bleues sont déjà l'expression des changements de styles futurs; leur construction dépasse la systématisation des moyens d'expression; art véritable derrière le style.

III. Des tableaux qui portent bleu

Un côté artificiel, excitant, irritant, des contraintes de style. Des tableaux avec des personnages isolés, guindés dans leur silhouette, insérés dans des fonds plats qui indiquent la confiscation de l'espace et signifient sans aucun doute une main-mise sur l'espace nécessaire à la vie. Car ce n'est pas le bleu du ciel qui cerne les frêles figures. Titubants, plongés dans leurs réflexions, muets, pantomimes extasiés de leurs membres trop longs, ce sont de curieux saints qui apparaissent ici: colorés de telle façon que leur pose se fige. La couleur délimite. Ni jour, ni nuit, un crépuscule sans feu ni lieu avec de pâles éclairements sur les vêtements sombres, tout tourne au bleu, excepté la grêle lumière rasante qui prend comme un maquillage blanc sur les visages aux joues creusées.
Ces tableaux, qui portent bleu, montrent une affliction transfigurée. Des femmes, des hommes, des mères, des enfants apparaissent sur une scène à l'espace vidé, comme une communauté de destin d'exclus. Des personnages de second rang passent au premier plan; dans leur particularité plus que marquée, ils deviennent les monuments d'un autre monde celui de la pauvreté, de la maladie, de la désespérance. En même temps que le peintre manifestant une préoccupation sociale inattendue, dévoile l'envers de la joie de vivre, il découvre la dignité humaine des miséreux. Il protège et soutient, avec les armes de l'art noble, ceux qui se plaignent en silence conférant à ces créatures pliées des attitudes antiquisantes, prenant modèle sur les bas-reliefs romains, les enveloppant en même temps de draperies gothiques. Il laisse intensément transparaître des thèmes chrétiens comme *La Piéta, la Visitation, la Madone à l'Enfant.*
Un aveugle, avec un morceau de pain dans la main gauche, semble, de sa main droite qui palpe une cruche posée sur la table, bénir ce pauvre repas (Pl. 32). Nous voyons, dans la direction exacte de son regard, une assiette vide. Les pauvres font un sacrifice. On tend une écuelle fumante à la messagère des dieux qui s'approche en hâte (Pl. 22). L'attitude d'humilité de la servante du culte et, en fait, toute la scène avec sa dramaturgie en contrastes, suggèrent cette lecture ennoblie, aux associations qui remontent loin. De plus, l'effet de l'implacable anecdote s'intensifie, poussé à l'extrême limite par une composition triangulaire classique. Au second regard, débar-

rassé de l'éblouissement de l'Art, l'objet de la transfiguration se dévoile. En fait pour le peintre, celle qui fait le sacrifice est une femme enceinte malade, dont l'état critique apparaît sous son vrai jour contrastant avec l'enfant en bonne santé, qui vole à pas légers, dans la chemise blanche de l'innocence, à la rencontre de sa mère. Elle, la languissante, qui ne quitte pas sa démarche traînante, ne se tient plus fermement qu'au peu qu'elle apporte, un bouillon de la soupe populaire. Sa bouche est un trait, la paupière est baissée. Elle pourrait être aussi, comble de malheur, aveugle.
C'en est presque trop. *Cette peinture mouillée,* remarque Apollinaire, *était bleue comme le fond du précipice et grosse de pitié.* Sans retenue, Picasso se livre à son nouveau thème, exagère l'anecdote, la force aux confins du symbolique à l'aide de détails outrés. (Cinquante ans plus tard, à l'occasion du tableau protestataire plein d'une humanité singulière, les *Massacres de Corée,* il devait s'y prendre de la même manière, au centre, en effet, réapparaît l'enfant de la femme en bleu.) Mais le talent de l'artiste reste, ici comme là, de ne pas sacrifier le froid calcul qui préside au projet au profit d'une peinture de mœurs saturée de bons sentiments. Les formes plastiques de ces narrations extrêmes s'en remettent à la tradition picturale de l'Occident. Avec une ironie mordante, le jeune Picasso interroge les traces de ce grand Art reçu en héritage – Antiquité, Gothique et Renaissance – avant de jeter, parmi les premiers, et conformément à l'esprit du temps qui vient, son dévolu sur la découverte de l'Art primitif.

Le voyage vers la simplicité et l'originel, qui le conduira aux toiles cubistes, Picasso l'entreprend par une épuration de l'Art. A bien regarder le tableau *La sopa,* on décèle d'étranges mesures d'assainissement. Si les deux personnages, comme nous l'avons vu, sont inscrits dans un triangle aux pentes abruptes – émouvant –, pour autant le format du tableau ne suit pas cette projection idéale, il détruit l'aura. Le bord supérieur de la toile rogne la forme protectrice imaginaire, écrase et rapetisse la triste héroïne de la scène. Il se peut que le précoce Picasso ait pris à Goya des indications de mise en scène et les influences réciproques de la forme et de l'expression. Mais il systématise aussitôt les procédés. La structure spatiale interne composée de rectangles ne s'arrête pas à la figure centrale qui assume l'expression principale. Comme les tirant au cordeau, le peintre brise dans la pénombre

l'avant-bras et le bras cachés, forte des cassures et fait voir une transparence de l'ossature dans ce tableau de pitié à dominante bleue.
A l'époque de la jeunesse de Picasso, faire du style et de l'Art était une formule à la mode. On peut déjà mettre en rapport avec la production de jeunesse de Picasso le couple conceptuel en forme de programme «Abstraction – intuition», qui devait faire carrière sous l'Expressionnisme allemand. Mais le point de vue vraiment étonnant est celui qui est interne à sa propre œuvre. Gertrude Stein a certainement raison quand elle reconnaît, dans les toiles bleues l'origine spécifique de *tout ce qu'il a créé par la suite.*
Car on peut déjà observer ici comment malgré, ou grâce à, ce bleu mélancolique, on organise des images à partir d'éléments hétérogènes, comment on les synchronise avec violence dans la construction pour aboutir à un résultat final émouvant. La mère et l'enfant, protégés dans le tableau de tous risques par de nombreuses stratifications formelles et iconographiques, conquièrent leur contraste, en une antithèse renforcée, par une présentation tout à fait distincte. Le peintre semble épeler avec son pinceau, chacun pour soi, les mots-images «Enfant», «Mère malade». Les personnages assument, en une représentation distincte, la plénitude du monde qui leur est propre, qui revendique une légitimation générale au-delà du cas particulier décrit dans la scène du tableau. On pourrait les découper. On peut supposer que Picasso a déjà ici en tête rien moins que l'effet-collage – qui sera bientôt riche de conséquence pour l'histoire de l'Art. La contre – épreuve apporte la preuve: on distingue une minuscule intersection, voulue délibérément, parce que dramaturgiquement significative, – à peine plus d'un centimètre carré. La petite fille qui s'envole vers sa mère saisit un bout de son vêtement bleu, – le contact électrique est établi.
Méticuleux Picasso? Tout est simultanément lié: principes et canulars. Picasso, nous l'avons vu, met en mouvement l'«appareil» de la tradition, rend hommage, par la manière bleue, à une modernité qui manque de naturel et se montre rétif à la mode par sa thématique maintenant tournée vers la mélancolie. Il est en outre caractéristique qu'il trouve une forme remarquable, d'une force d'expression aussitôt appropriée, pour représenter la métaphore de la solitude; si l'on s'en tient à *l'Autoportrait bleu* de 1901, c'est la sienne propre.
Il n'est pas simplement un nouveau symboliste qui unit une vanité légère-

ment teintée de bleu, idylle arcadienne d'un Puvis de Chavanne, à la note hispanique du Gréco, extase contenue de sa propre mélancolie. Il consigne, à la manière des symbolistes, le sentiment de la vie dans des situations-clés. La femme de *La sopa*, et avec elle toute la série des personnages énigmatiques, douloureux, enveloppés d'un halo bleu, Picasso l'a trouvée dans la prison de femmes de Saint-Lazare: le jeune peintre, grâce à un ami médecin, avait déjà eu accès à son infirmerie pendant son séjour parisien de 1901. Ces modèles, qui n'avaient rien coûté au peintre, l'entraînèrent dans une nouvelle phase de son évolution. Picasso, le peintre de la grande ville, le peintre dont les actions montaient, qui venait tout juste, chez Vollard, avec son étincelante série de toiles, de conquérir du terrain sur les Impressionnistes et le dessinateur du Moulin Rouge, se vit tout à coup confronté à un autre monde, bouleversant. Cette communauté de prostituées malades, isolée en plein Paris dans un ancien couvent, aurait pu être l'occasion d'un Miserere contemporain.

Mais Picasso, qui reste dans la foulée du thème avec *La buveuse d'absinthe* (Pl. 6) et les couples solitaires dans les cafés la nuit, transmue la découverte de Saint-Lazare. Aucun renchérissement naturaliste sur les «bas-fonds», pas de tableaux de démence de l'«autre côté», pas de concentration psychologisante de l'environnement à la manière de Munch, pas de peinture selon un programme de critique sociale. Seule la léthargie des visages qui a résisté à toutes les métamorphoses bleues peut trahir l'expérience que Picasso a véritablement vécue.

L'historien de l'Art russe Anatolij Podoksik a donné de nouveaux arguments en faveur de «La genèse de la période bleue» à Saint-Lazare. Il a décrit, d'après des sources contemporaines, cet établissement dans lequel eut lieu la rencontre de Picasso avec les plus pauvres. Il a ainsi consolidé l'interprétation de tableaux ou d'esquisses qui, comme par exemple *La repasseuse* (Pl. 11) ou *Les deux sœurs* (Pl. 18), ne révèlent pas en eux-mêmes un lien strict avec ce lieu. Saint-Lazare: ce n'est pas un épisode secondaire, mais un événement-choc avec des effets à retardement.

De retour à Barcelone, Picasso peint les femmes rongées de douleur de Saint-Lazare, comme si elles sortaient, nu-pieds, courbées sous leur poids de significations, changées du passé de l'histoire de l'Art espagnol. *Les Pauvres au bord de la mer* (Pl. 23) forment, dans une solitude frileuse, une

famille selon le proverbe à tiroirs que Picasso a commenté des décennies plus tard à Brassaï: «Il existe un dicton espagnol: ‹s'il a une barbe, c'est un homme; s'il n'a pas de barbe, c'est une femme ...› ou, dans une autre version: ‹S'il a une barbe, c'est Saint-Joseph; s'il n'a pas de barbe, c'est la Sainte-Vierge.› Ce dicton est formidable, n'est-ce pas? Quand je me trouve dévant une feuille blanche, il me trotte tout le temps dans la tête ...»
Le personnage féminin, de dos, vêtu de bleu des *Pauvres* se tourne vers nous. La statue porte maintenant un enfant dans les bras; face à elle apparaît un couple nu (Pl.24). Il n'est pas nécessaire de se reporter à la citation de Picasso pour comprendre que cette rencontre muette n'est pas de type individuel. De manière tout à fait inhabituelle, sans précédent même dans l'Art du XXe siècle commençant, Picasso reprend, en réservant l'espace au centre, un schéma traditionnel de l'Art chrétien. Associés à des personnages de saints qui trônent, des élus avec leur gloire se réunissaient jadis pour une asynchrone «Sacra Conversazione». Picasso évoque peut-être involontairement («Mes pensées m'intéressent moins que ce que je veux inconsciemment» – dit-il ensuite à Brassaï) l'autorité de cette tradition enfouie, mais avec ces figures prodigieuses, il retrouve l'exigence d'une iconographie connue. La confrontation dramatique du couple nu avec la statue de la mère bleue passe avec raison pour l'œuvre majeure de la «Période bleue». Des catégories généalogiques – thématiques –, différentes selon les protagonistes, confirment un duel entre deux principes. Les fillesmères de Saint-Lazare sont le contrepoint plaintif de cet amour libre que Picasso a montré de manière positive dans la fusion sensuelle de corps qui s'enlacent. Ce tableau, allégorisant avec une impuissance amère, se pose en juge de cet amour. Sans la demander au peintre on reconnaît la moralité peinte de l'histoire. Les nus sont un couple du péché originel, de la Chute, Adam avec le tablier de l'Inquisition ceint autour des reins et avec, tout de même, un geste d'avertissement qui montre la confiance dans le Créateur, ici absent. Des images projetées dans l'arrière-plan central avec, en haut, le couple qui se pelotonne et le personnage solitaire accroupi et affligé en bas dans l'ombre augmentent l'effet du moment de l'expulsion du Paradis. Mais des *allusions* aussi précises n'autorisent en aucun cas à fixer une fois pour toutes la signification du tableau. L'apparition des personnages dans la lumière blême de la scène – isolés, préfaçonnés comme par un moule – est à mille

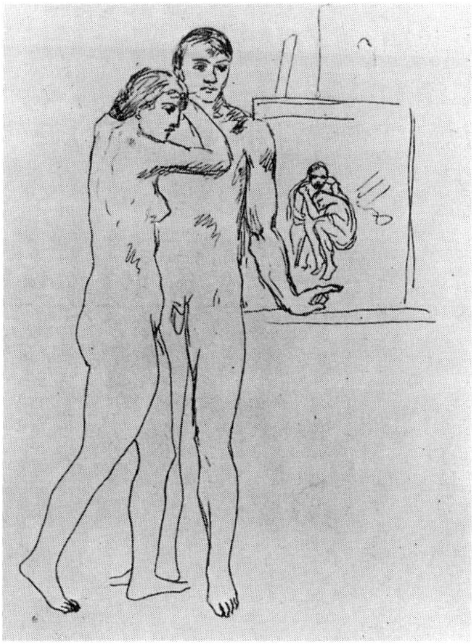

Esquisse pour *La vie*, 2 mai 1903.
Crayon sur papier, 26,7 x 19,7 cm.
Collection Sir Roland Penrose, Londres.

lieues par exemple de ces allégories de *Science et charité*, que Picasso traitait, quelques années auparavant, comme un sujet d'école conventionnel. Le peintre travaille maintenant la tension des contraires dans le style théâtre d'ambiance moderne et puriste. Comme «auteur» de la pièce, Picasso montre une singulière retenue. Il a accepté le titre qu'on donna à l'œuvre – *la vie* – en disant avec insistance que ce titre n'était pas de lui. Mais il a avec cette œuvre un lien autobiographique qui dépasse le quotidien pour atteindre une légitimité supérieure. Tout comme une vingtaine d'années plus tard, et de nouveau dans une œuvre capitale qui rassemble son expérience contemporaine (*La danse*, 1925), Picasso évoquera par un profil d'ombre un ami mort, il donne, en 1903, à l'homme de *La vie* les traits d'un compagnon. Des dessins préparatoires au couple d'amants renvoient à cette étrange mascarade. Un planche encore, qui se rapproche le plus de la version définitive, montre, dans le rôle de l'homme nu, le peintre lui-même. Puis, sur la toile, il a changé la tête. Ce n'est pas Picasso, mais Carlés Casagemas qui apparaît dans le retable de la Période bleue. La tragédie de cet homme, qui se suicida par balle en 1901 dans un café parisien, appartient à la vie de Picasso. Bouleversé, il se détacha de ce proche dans des tableaux troubles qui se contredisent mutuellement. Avec *L'Evocation – l'enterrement de Casagemas* (Pl. 13), Picasso peignit une lamentation avec beaucoup de personnages, une ascension de l'âme; il transpose le sujet en une allégorie bleue pâle, à la manière des nuages du Gréco. En même temps, le peintre veilla le mort. Picasso ne montra ces tableaux violemment éruptifs, discordants, dans lesquels sans doute il avait réagi spontanément, que dans les dernières années de sa vie: il a allumé pour le mort en bière un immense cierge à la van Gogh (Pl. 12).

Quand Picasso se met au travail pour la version définitive de *La vie*, Casagemas, le compagnon avec qui il avait émigré pour conquérir le monde, était mort depuis déjà deux ans. Le portrait fantomatique surprend dans le tableau comme un lambeau de souvenir vital. Monument au souvenir, le portrait de Casagemas initie à la psyché des toiles bleues. Ici Picasso en a pratiquement déjà terminé avec cette courte «période».

Un regard qui va de *La Vie* (Pl. 24, 1903), tableau monumental et provocant, à l'intérieur intimiste de *La chambre bleue* (Pl. 14, 1901) montre clairement le chemin parcouru par la couleur bleue, sa charge psychique, et par un Picasso qui en deux ans seulement a élargi les frontières de son Art.

Planches

Les tableaux reproduits sont des huiles sur toile, sauf indication contraire.

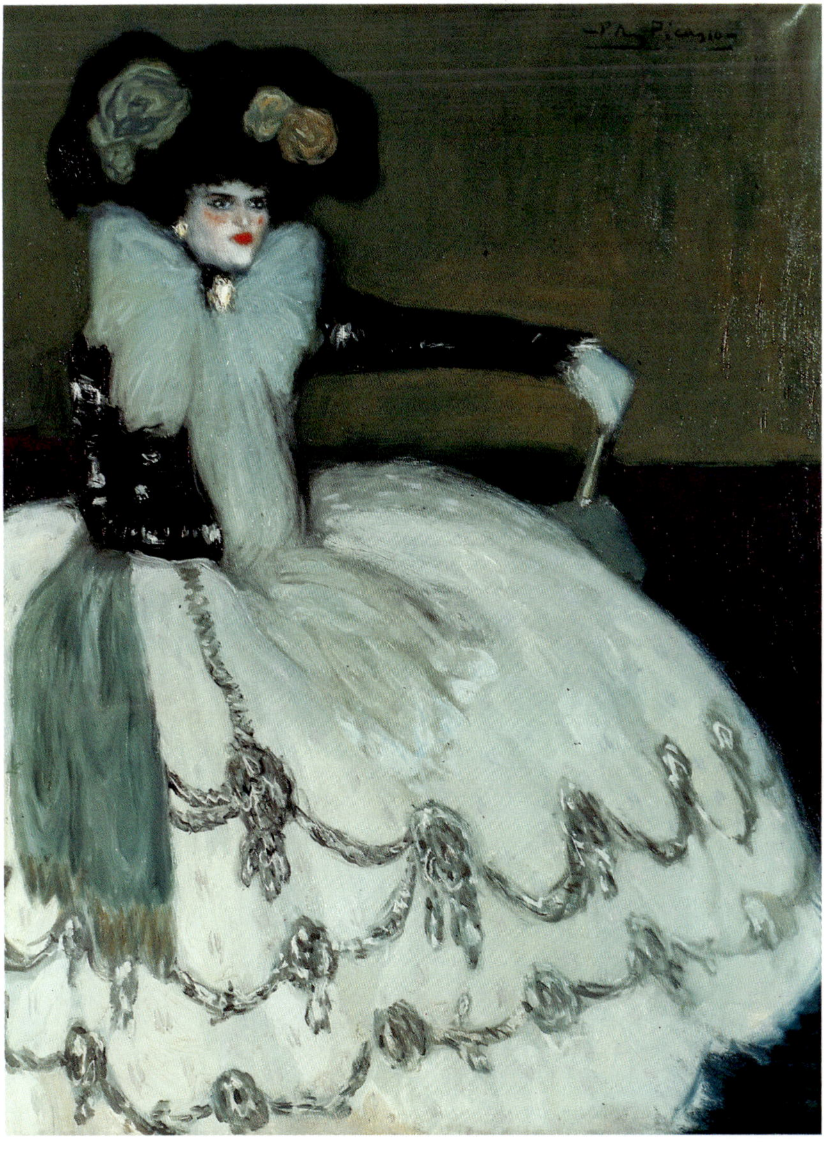

1 La dame en bleu Madrid, 1901
133,5 x 101 cm
Museu Español de Arte Contemporanéa, Madrid

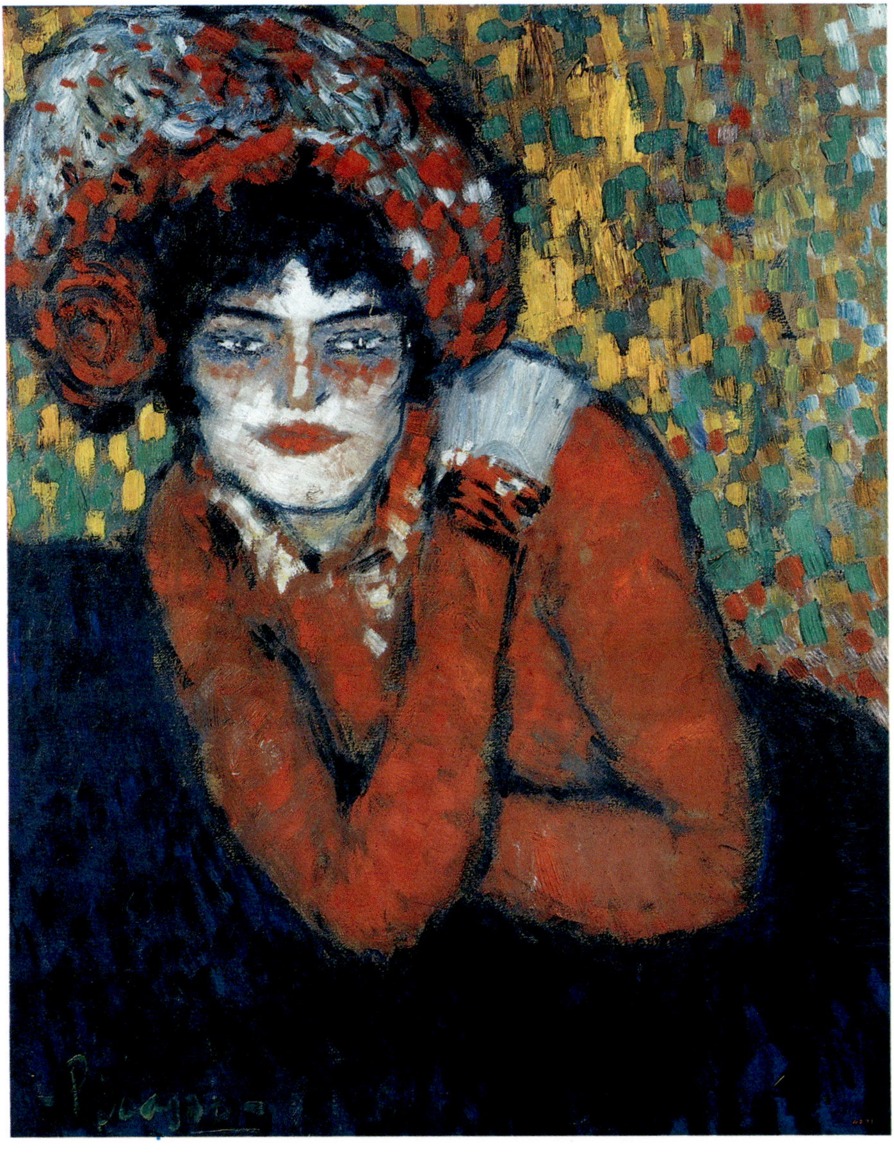

2 *L'espérance (Margot)* *Barcelone ou Madrid, printemps 1901*
Huile sur carton. 69,5 x 57 cm
Museu Picasso, Barcelone

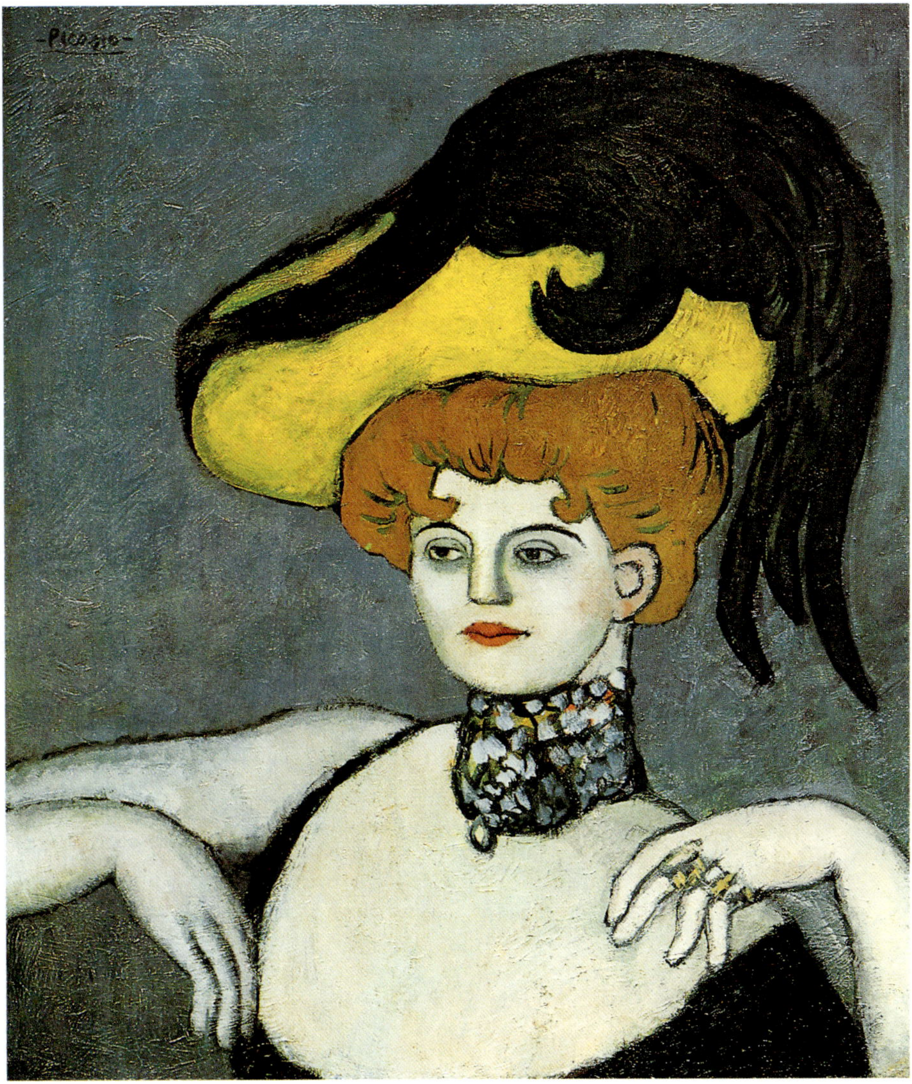

3 *Courtisane au collier* *Paris, 1901*
65,3 x 54,5 cm
Collection privée

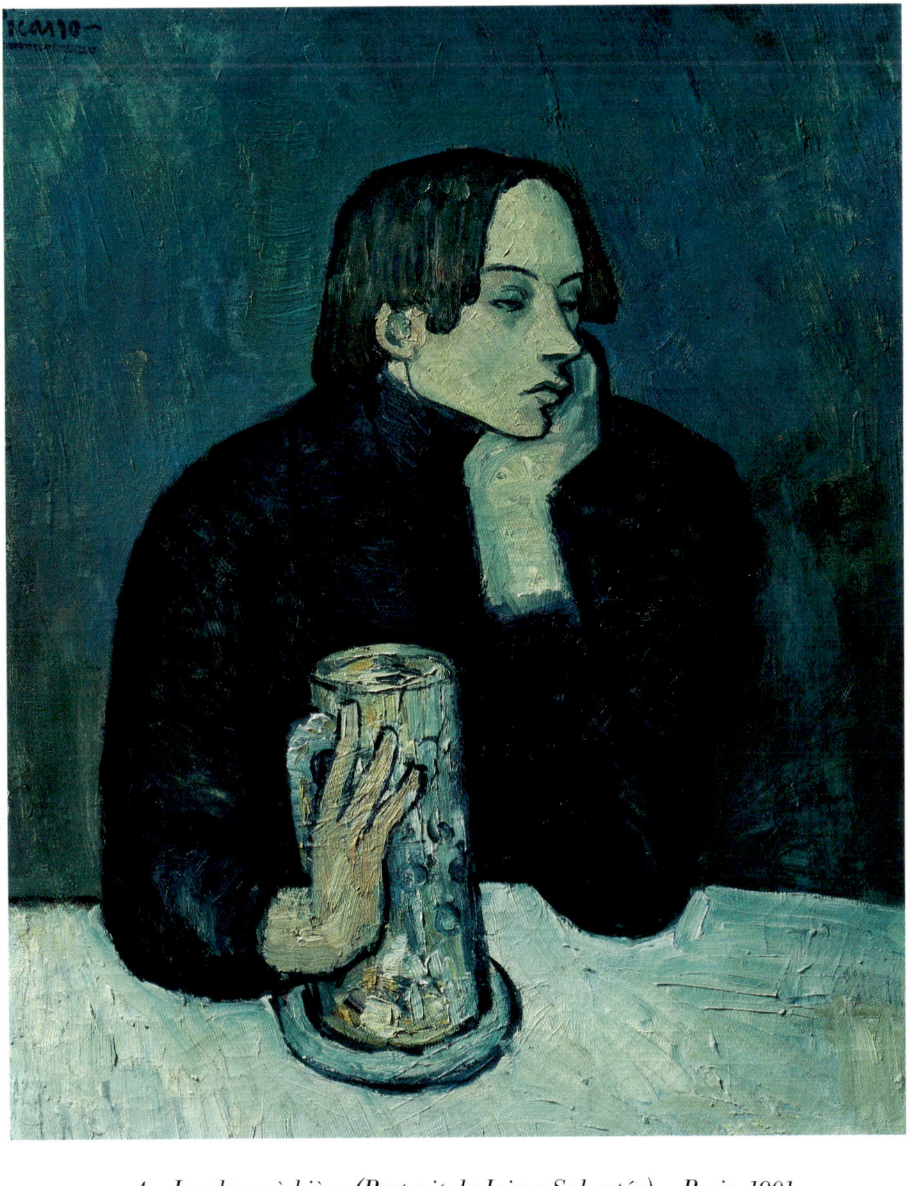

4 *La chope à bière (Portrait de Jaime Sabartés)* *Paris, 1901*
82 x 66 cm
Musée Pouchkine, Moscou

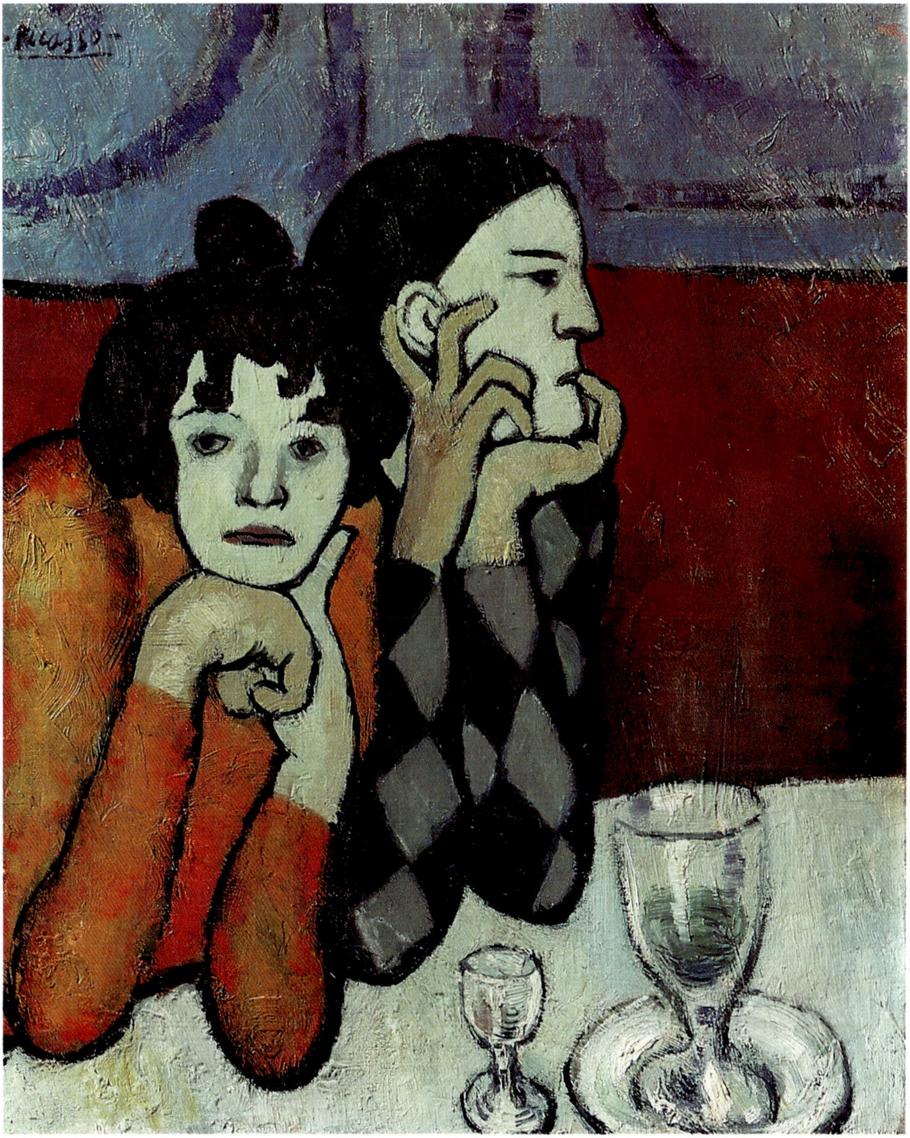

5 *Couple d'acrobates* *Paris, 1901*
73 x 60 cm
Musée Pouchkine, Moscou

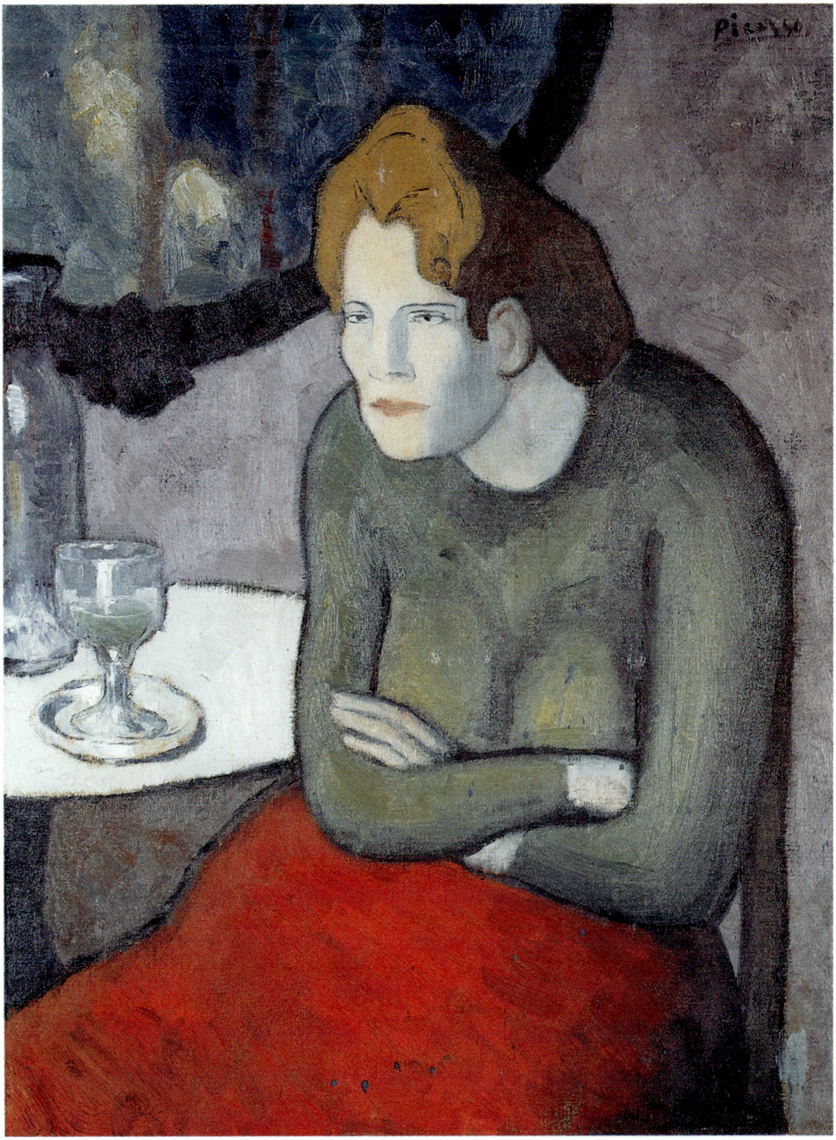

6 *La buveuse d'absinthe* *Paris, 1901*
77x61 cm
Collection privée, Suisse

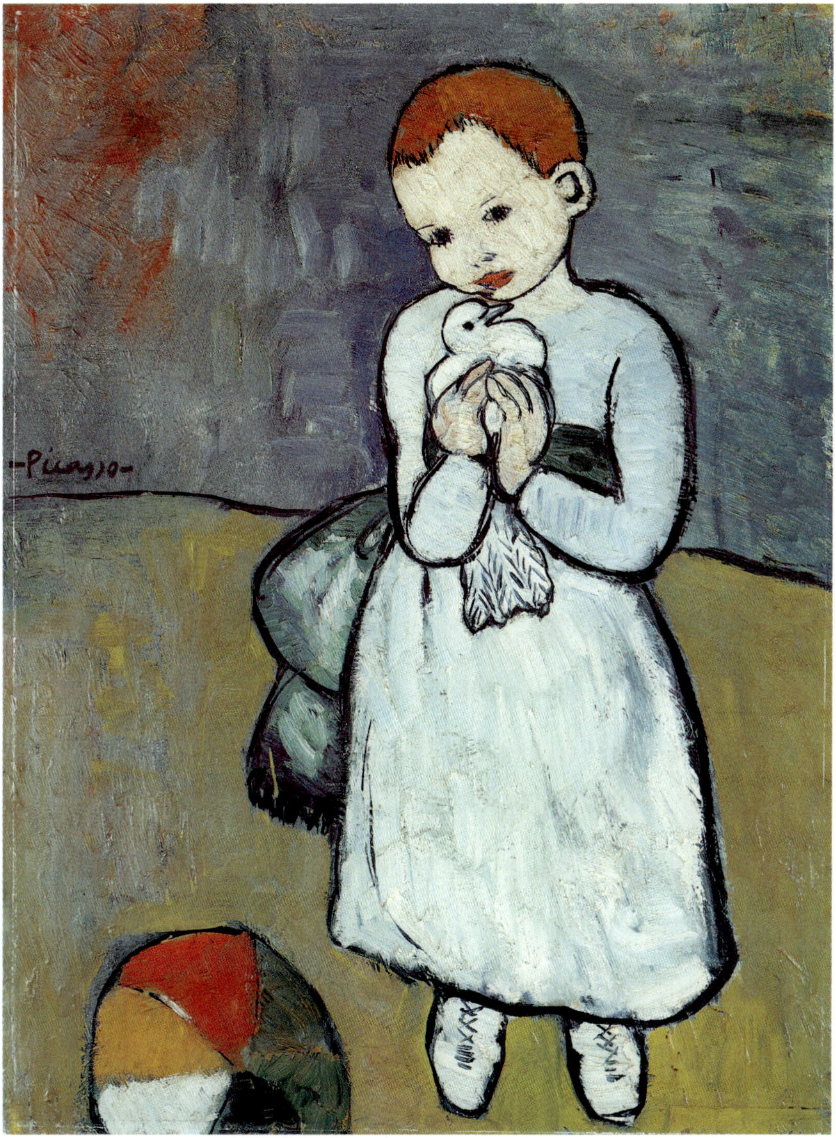

7 *La jeune fille à la colombe* *Paris, 1901*
73 x 54 cm
The National Gallery, Londres

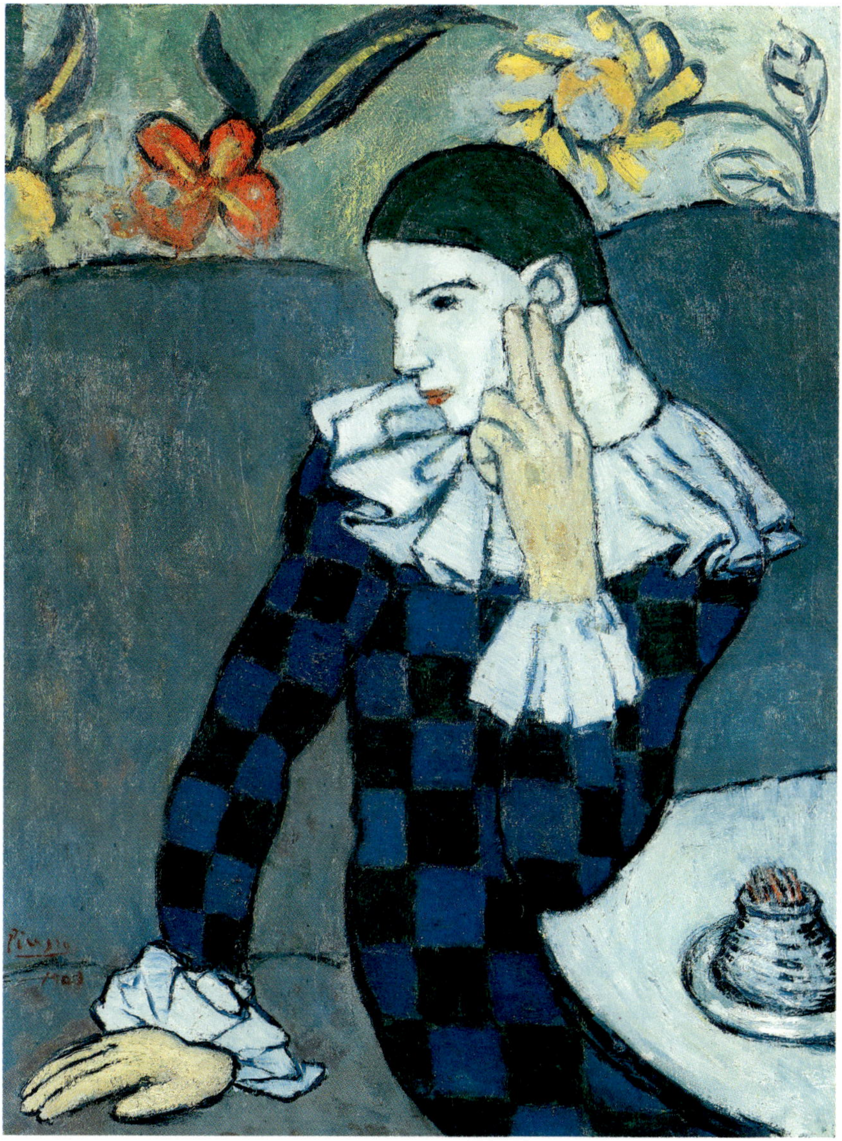

8 L'Arlequin, attablé Paris, 1901
80 x 60,3 cm
The Metropolitan Museum of Art, New York

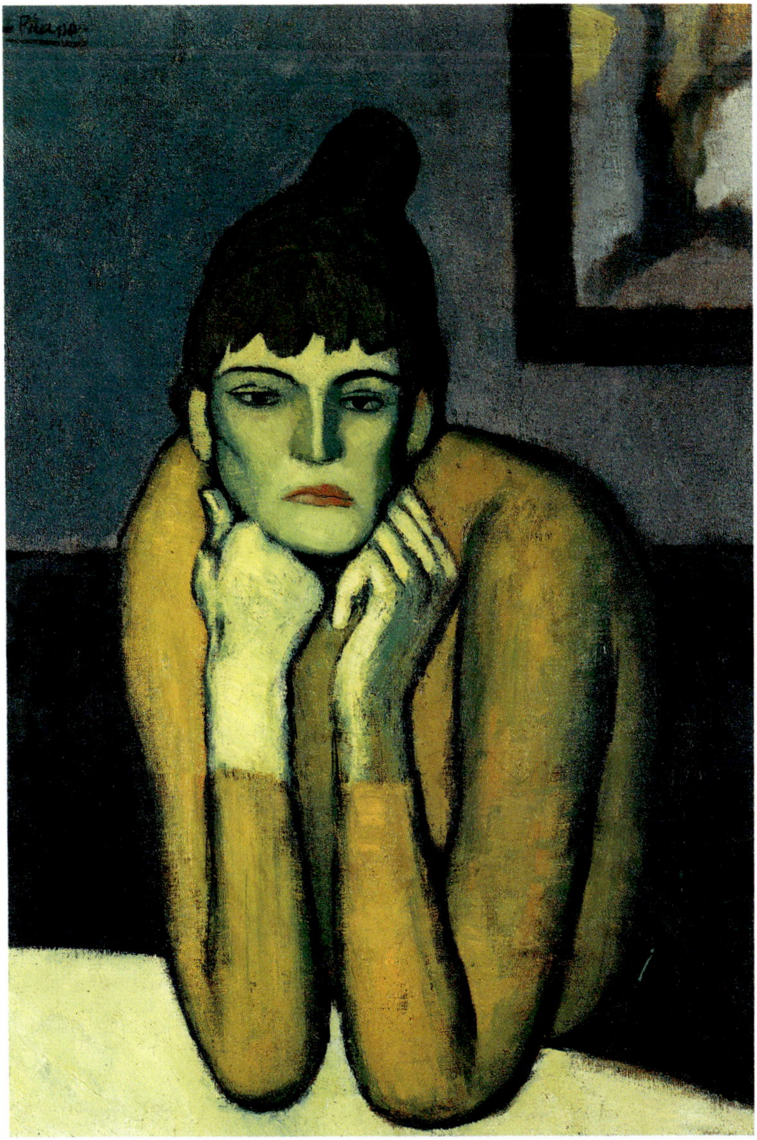

9 La femme au chignon Paris, 1901

80 x 60,3 cm

Harvard University Art Museums (Fogg Art Museum),

Bequest Collection of Maurice Wertheim, Class of 1906

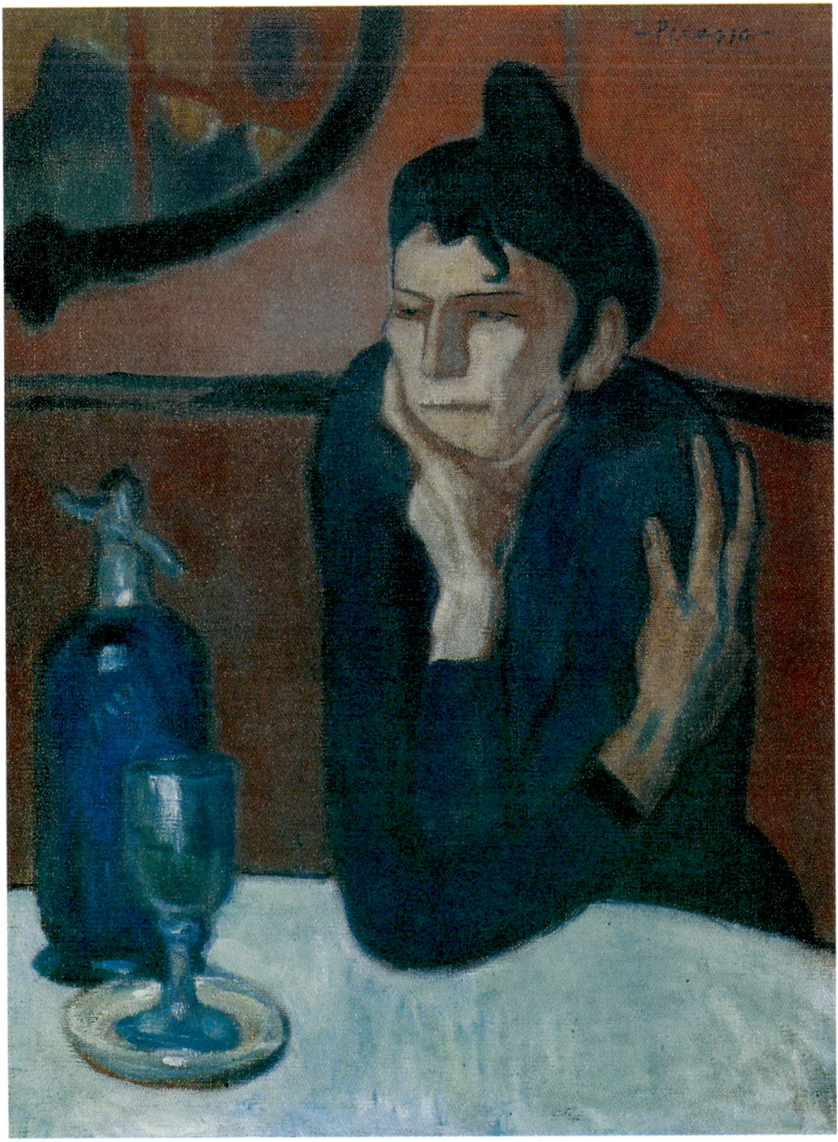

10 L'apéritif Paris, 1901
73 x 54 cm
Ermitage, Leningrad

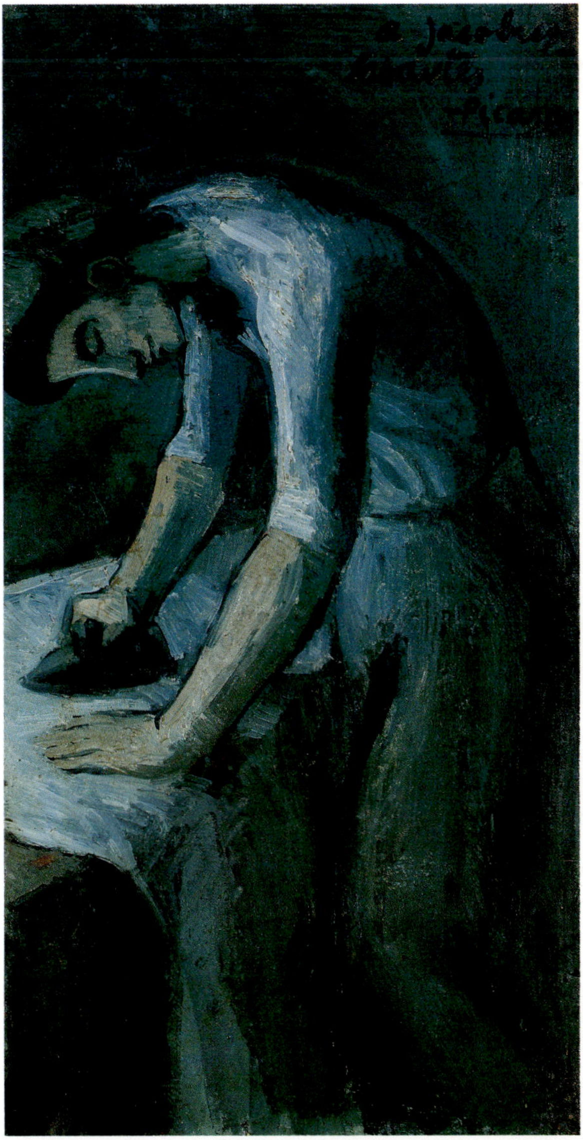

11 La repasseuse Paris, 1901
49,5 x 25,7 cm Metropolitan Museum of Art, New York
Alfred Stieglitz Collection, 1949 (49.70.2)

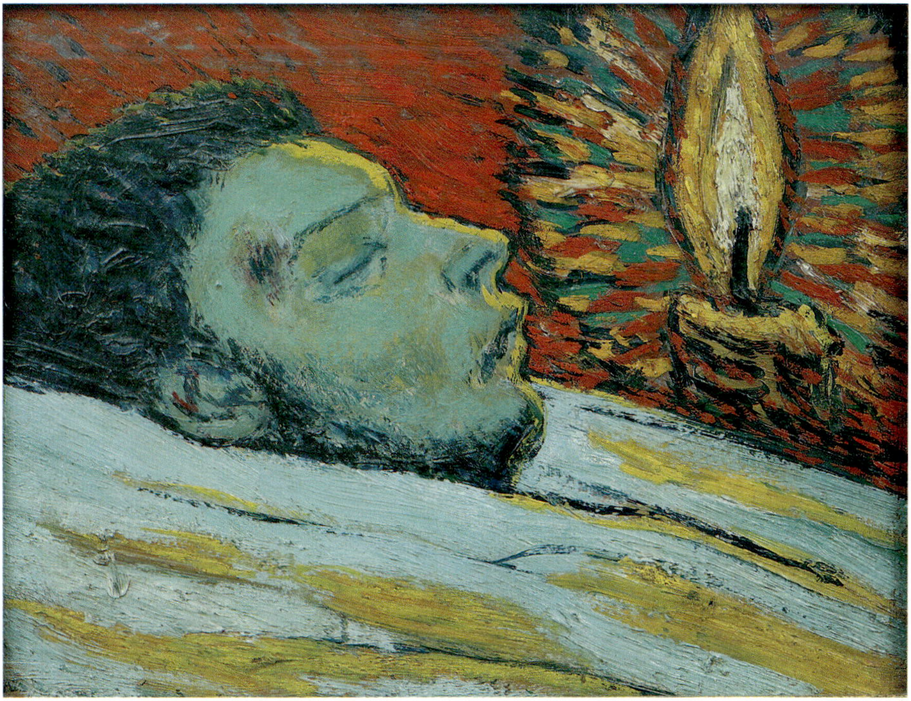

12 *Tête de feu Casagemas* *Paris, 1901*
Huile sur bois. 27x35 cm
Musée Picasso, Paris

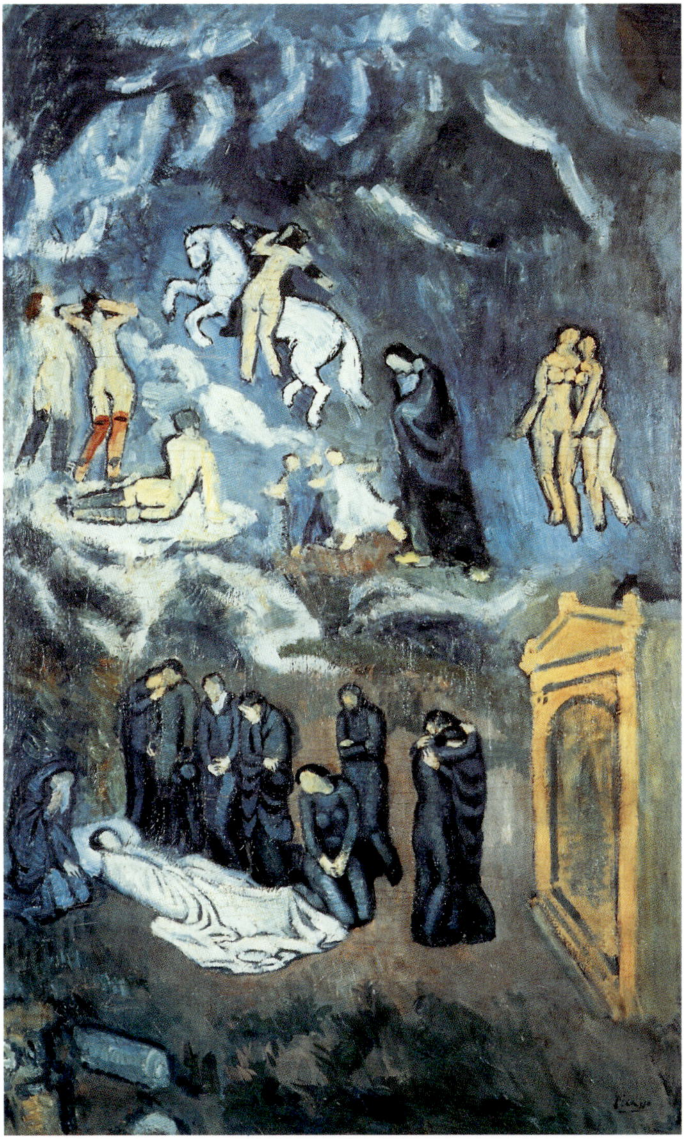

13 *Evocation – L'enterrement de Casagemas* *Paris, 1901*
146 x 89 cm
Musée d'art moderne, Petit Palais, Paris

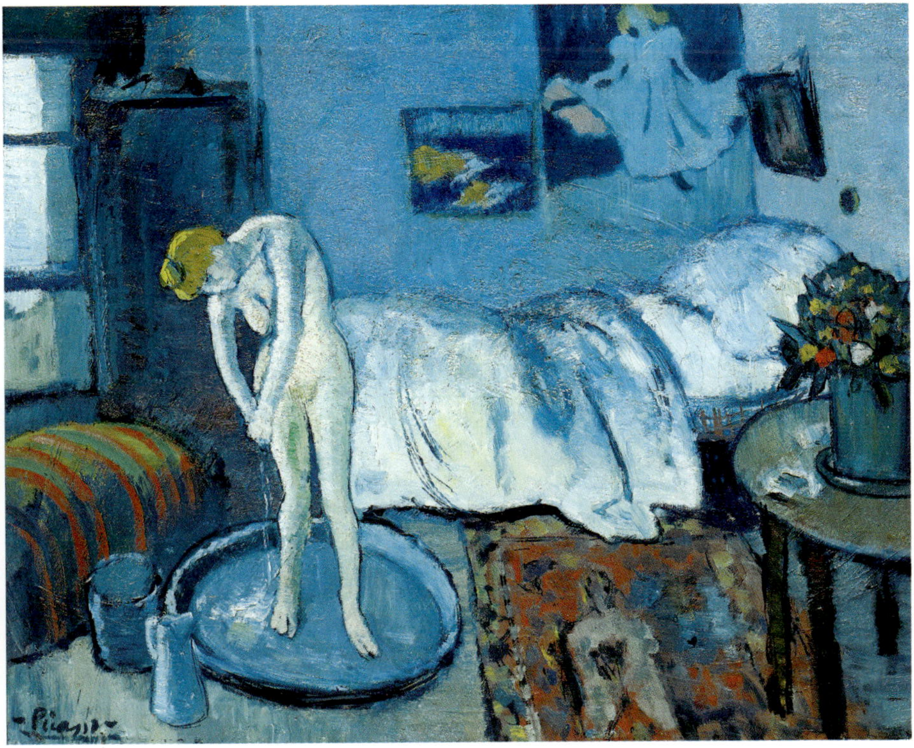

14 La chambre bleue (L'Atelier de Picasso, Boulevard Clichy) Paris, 1901

51 x 62,5 cm

The Phillips Collection, Washington D.C.

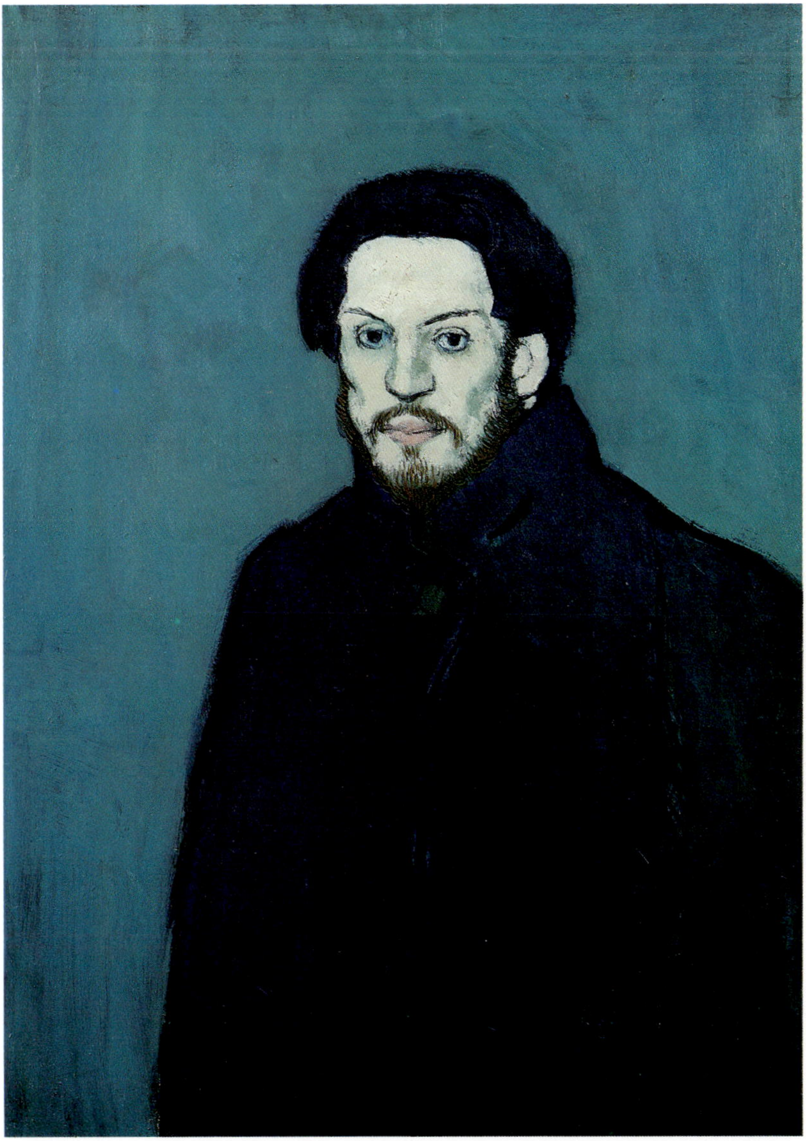

15 *Autoportrait en bleu* *Paris, fin 1901*
80 x 60 cm
Musée Picasso, Paris

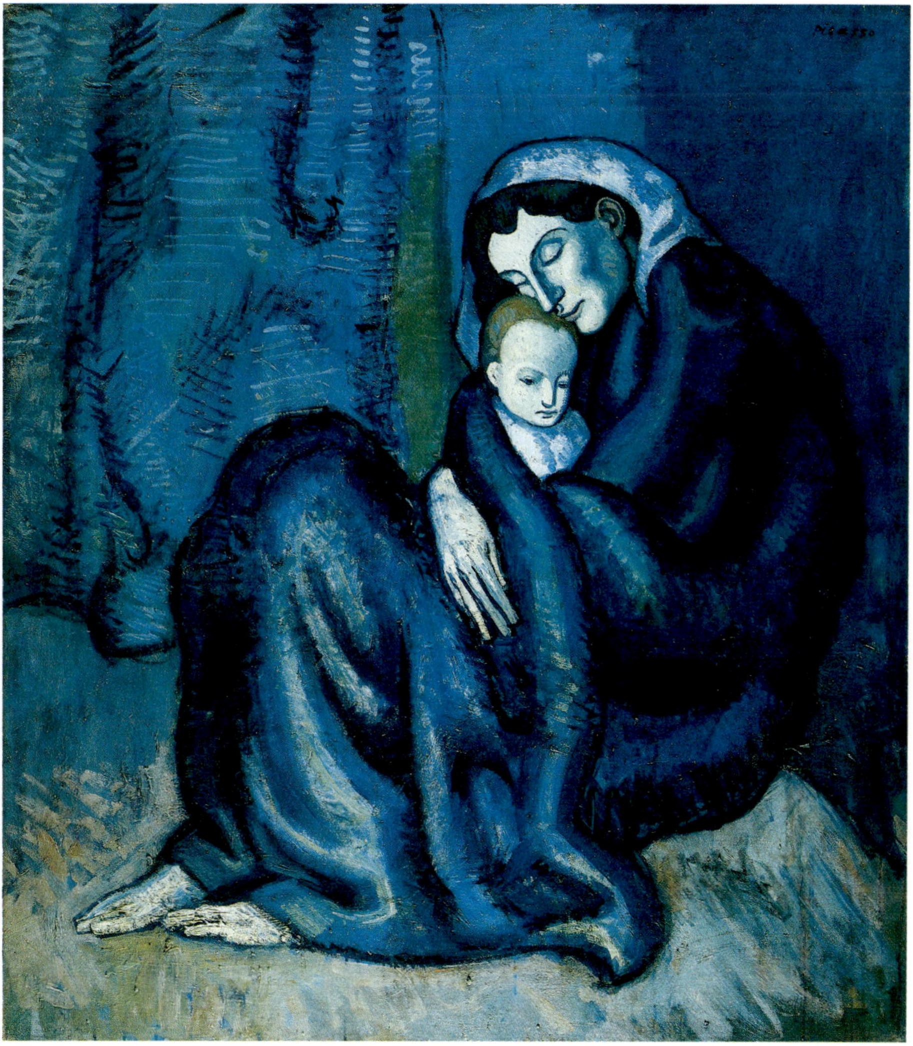

16 Mère et enfant Paris, 1901
112,3 x 97,5 cm
Harvard University Art Museums (Fogg Art Museum)
Bequest Collection of Maurice Wertheim, Class of 1906

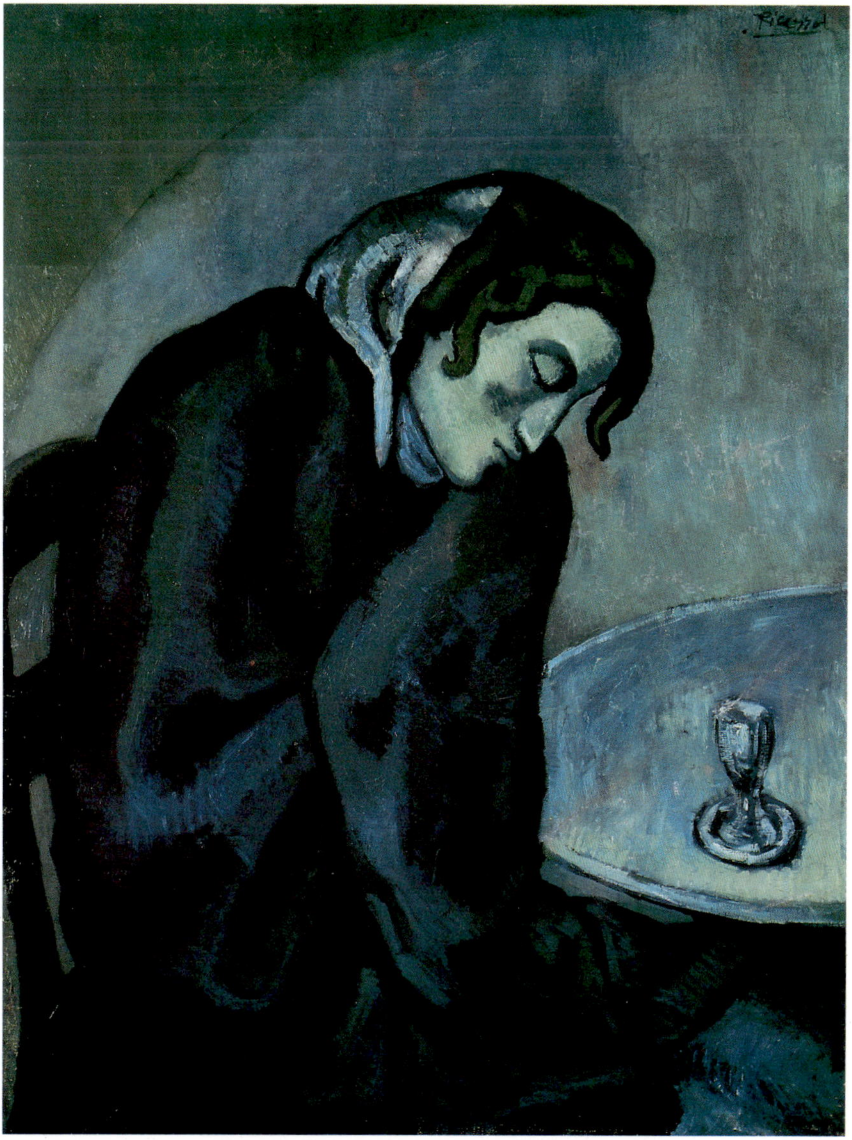

17 La buveuse assoupie Barcelone, 1902
80 x 91,5 cm
Kunstmuseum Berne, Fondation Othmar Huber

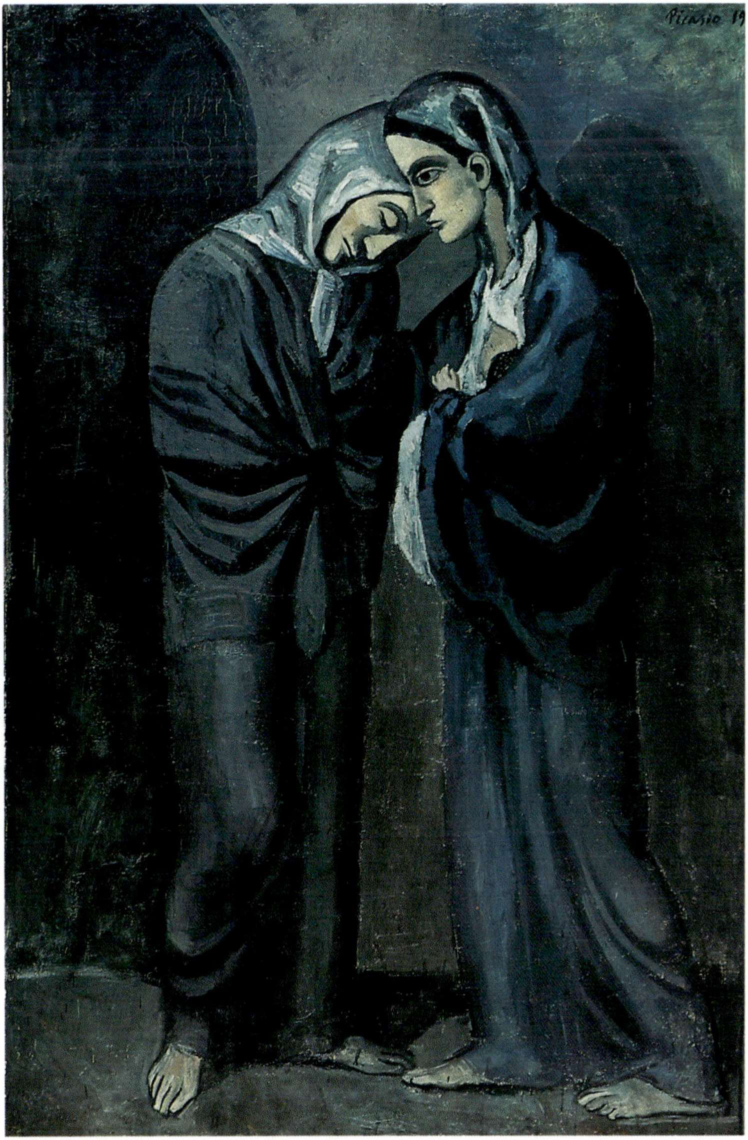

18 Les deux sœurs Barcelone, 1902
152 x 100 cm
Ermitage, Leningrad

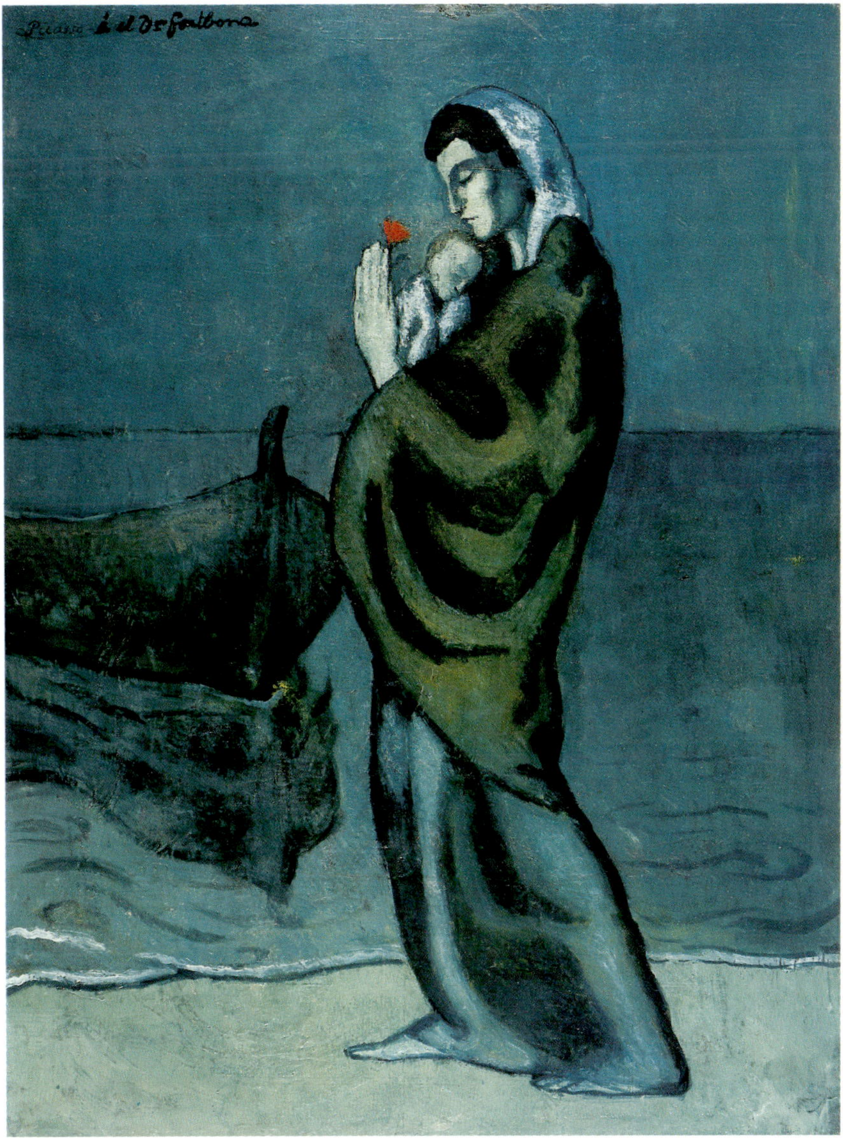

19 Mère et enfant au bord de la mer Barcelone, 1902
83 x 60 cm
Galerie Beyeler, Bâle

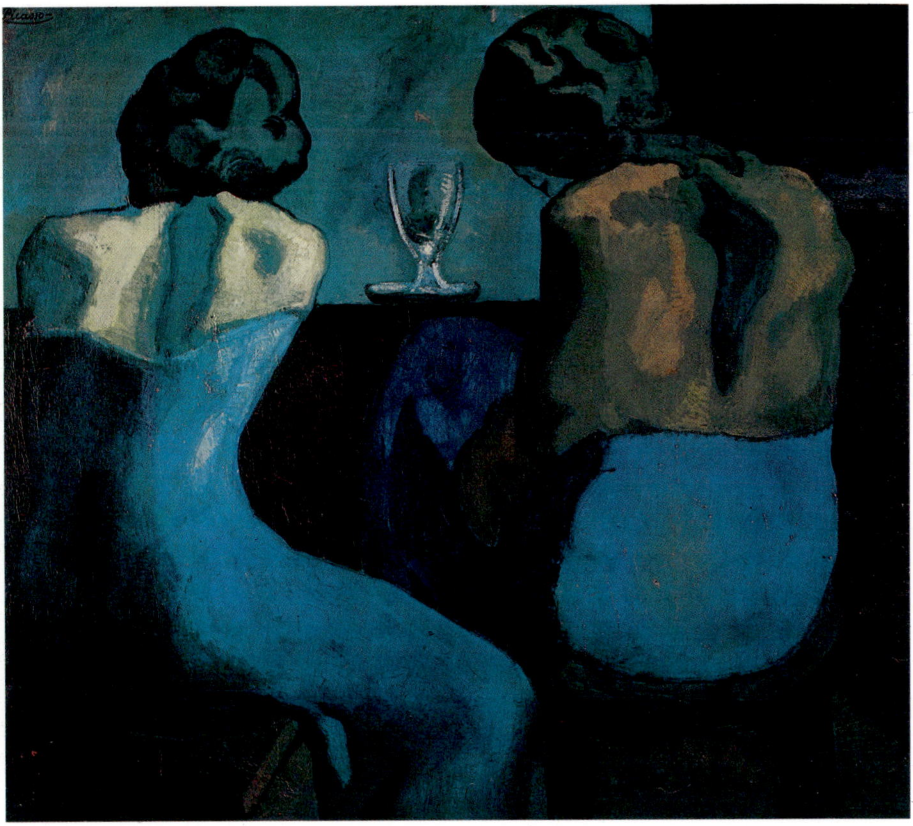

20 Jeunes filles au bar Barcelone, 1902
80 x 91,5 cm
Collection privée

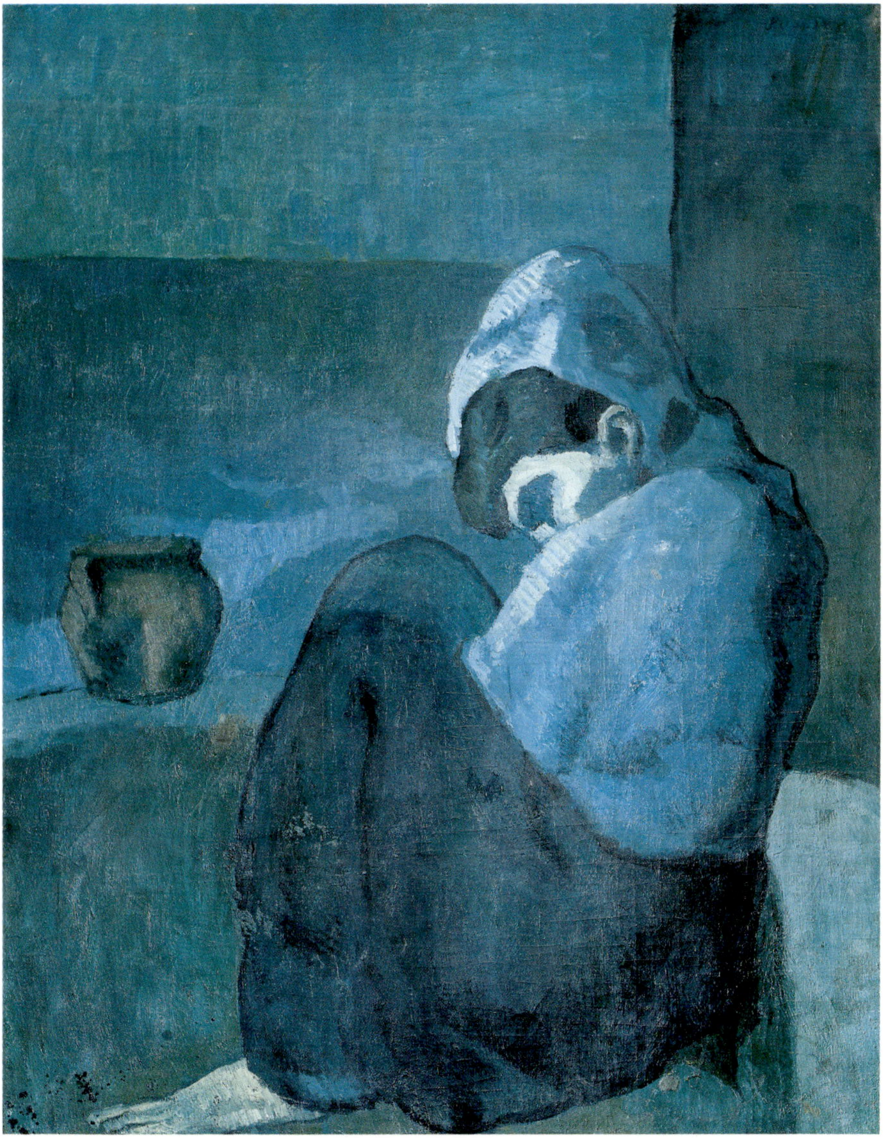

21 Femme au bord de la mer Barcelone, 1902
88 x 69,5 cm
Staatsgalerie, Stuttgart

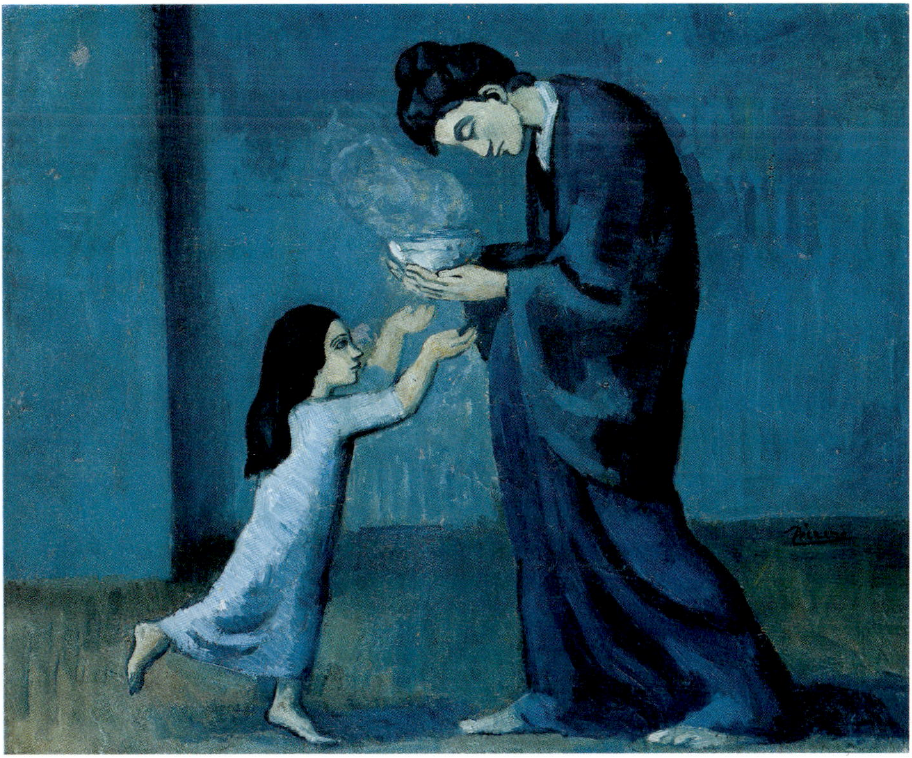

22 La soupe Barcelone, 1902
38,5 x 46 cm
Art Gallery of Ontario,
Gift of Margaret Dunlop Crang 1983

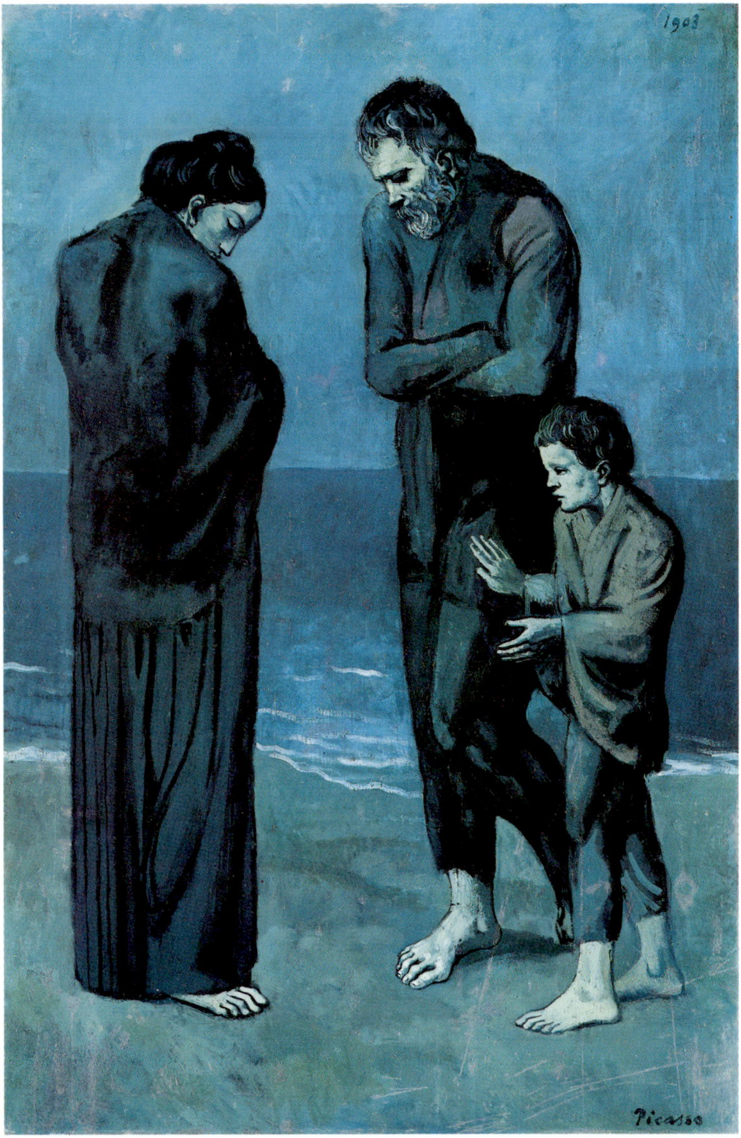

23 *Les Pauvres au bord de la mer (La tragédie)* *Barcelone, 1903*
Huile sur bois. 105,4 x 69 cm
The National Gallery of Art, Washington D.C. Chester Dale Collection

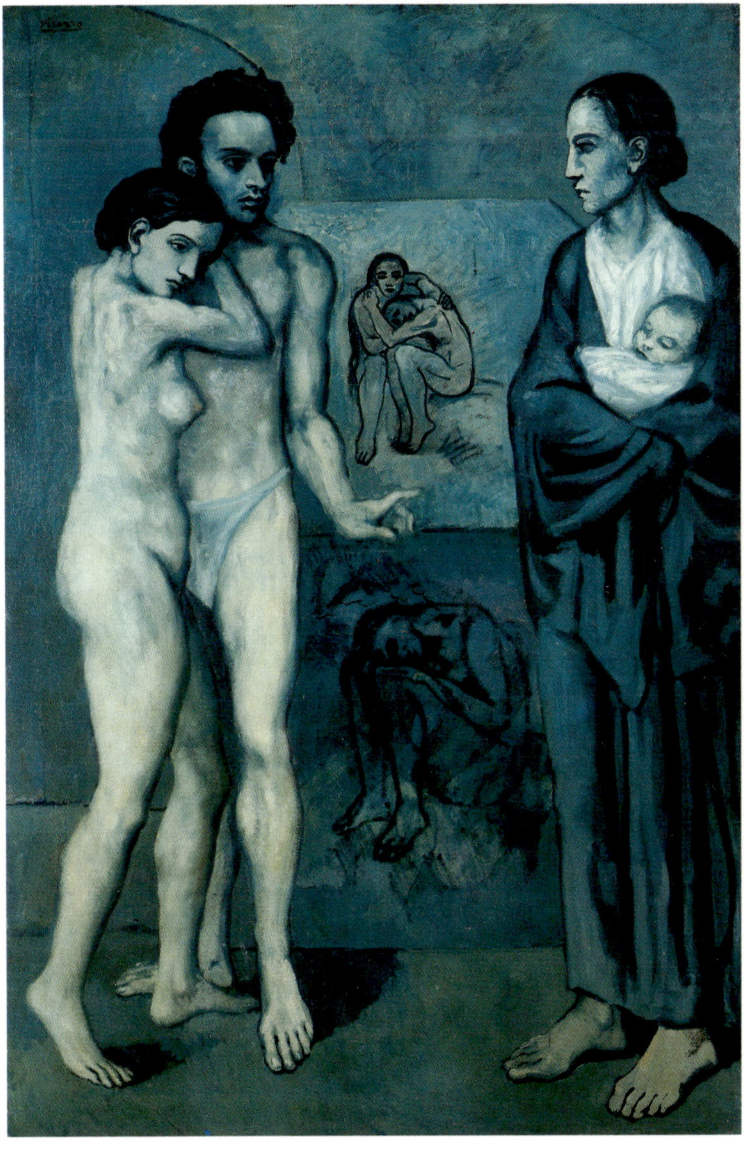

24 La vie Barcelone, mai 1903
197 x 127,3 cm
The Cleveland Museum of Art. Gift of Hanna Fund

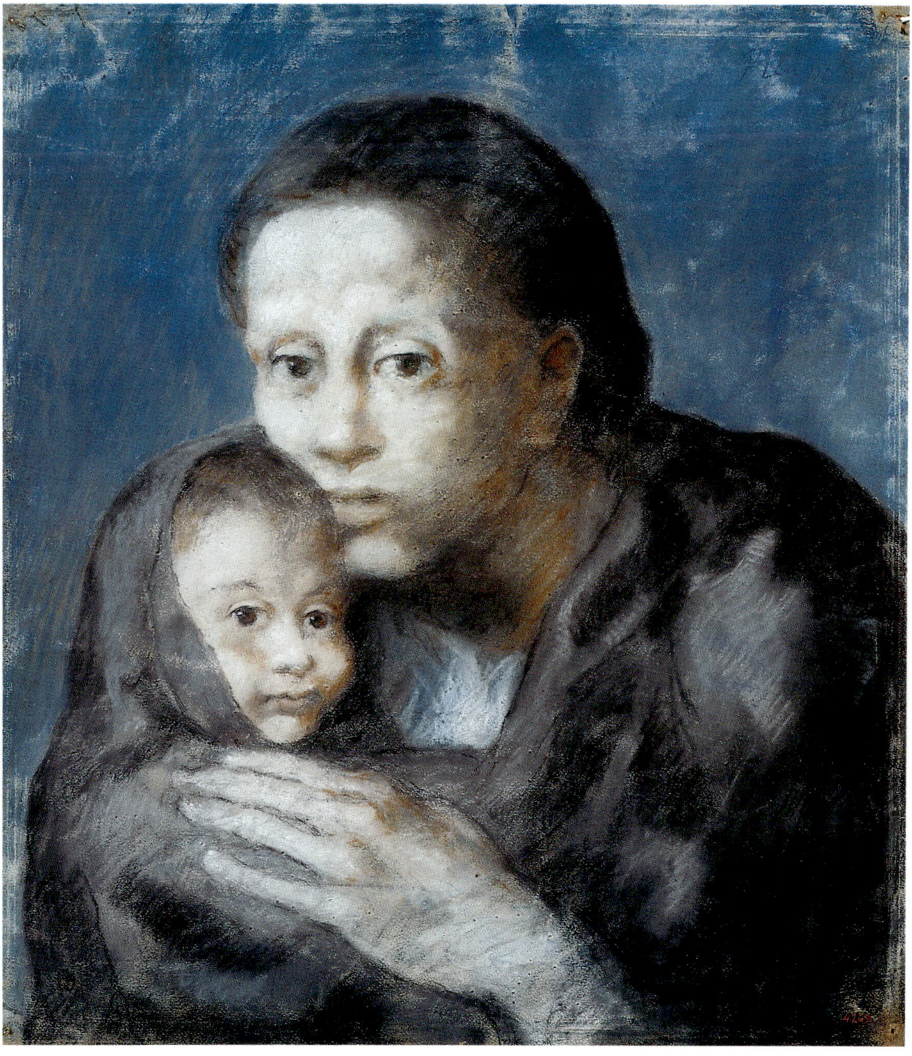

25 *L'enfant malade* Barcelone, 1903
Pastel sur papier. 47,5 x 41 cm
Museu Picasso, Barcelone

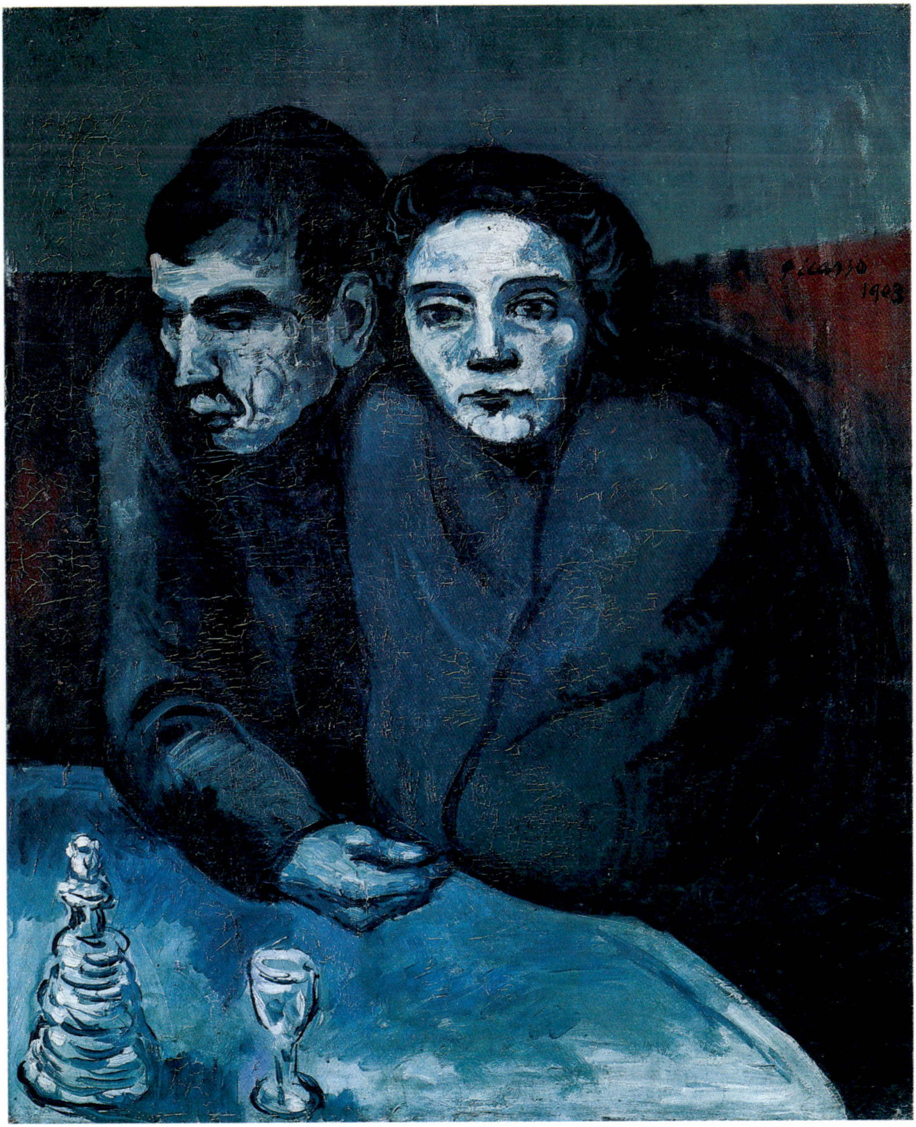

26 Couple au café Barcelone, 1903
81,5 x 65,5 cm
Nationalgalerie Oslo

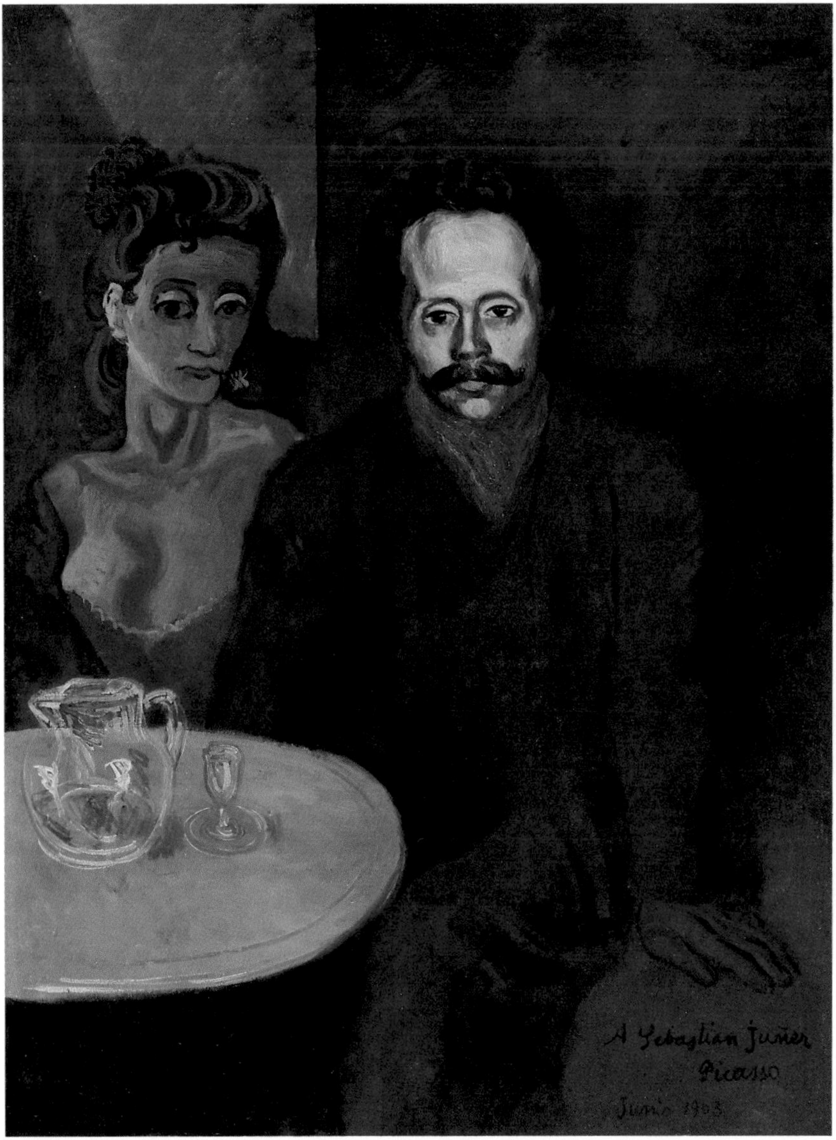

27 *Sebastián Junyer-Vidal avec une femme au café* *Barcelone, juin 1903*
125,5 x 91,5 cm
Los Angeles County Museum of Art. Succession David Edward Bright

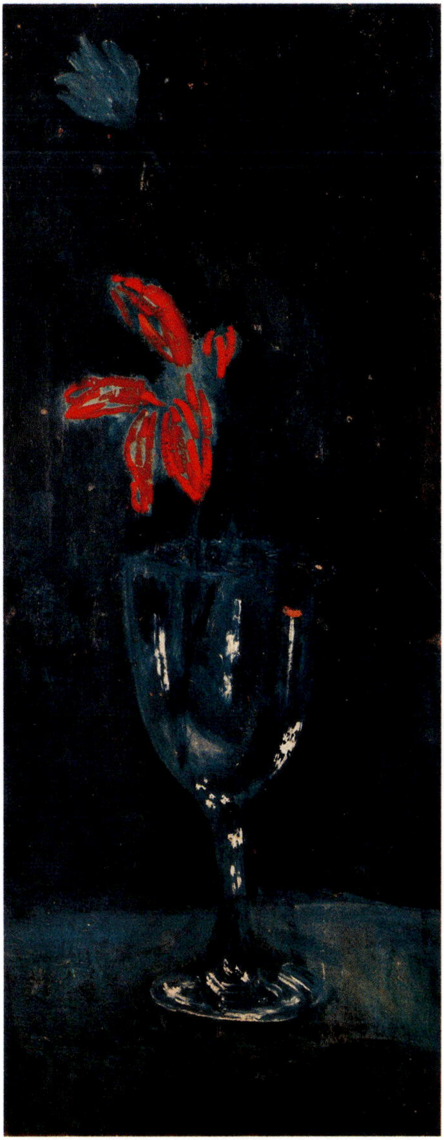

28 Le verre bleu Barcelone, 1903
66,1 x 28,5 cm
Museu Picasso, Barcelone

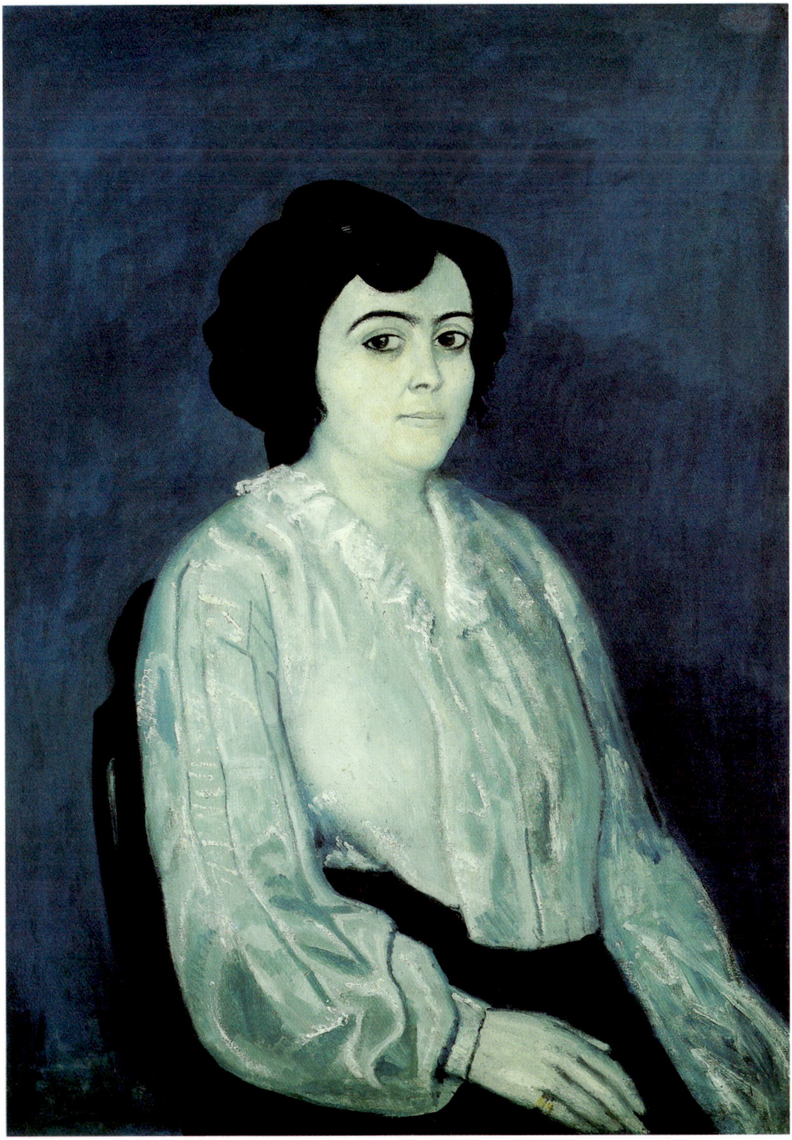

29 Madame Soler Barcelone, 1903
100 x 73 cm
Bayerische Staatsgemäldesammlung, Munich

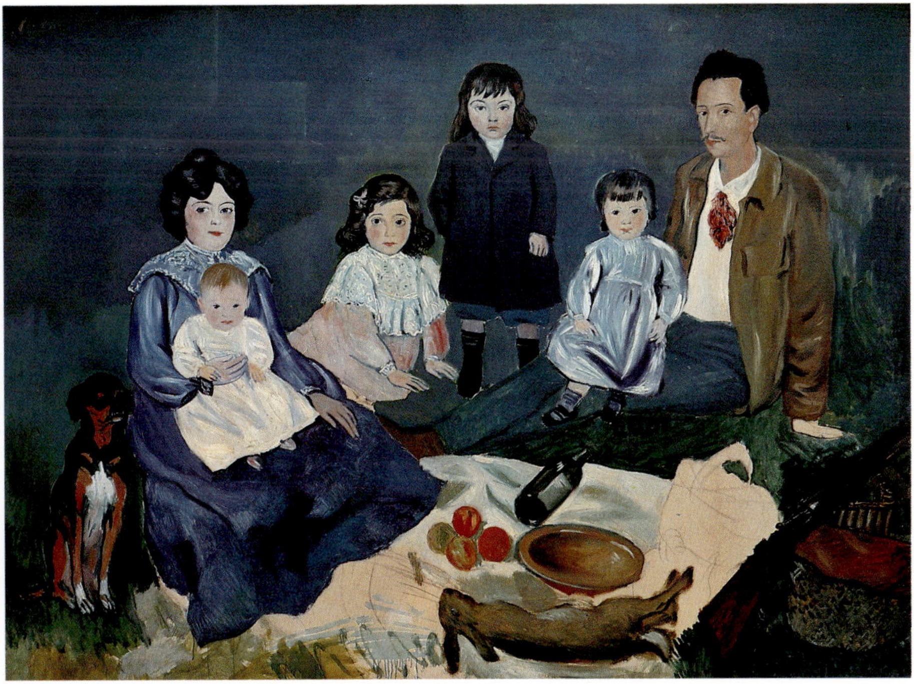

30 La famille Soler Barcelone, 1903
150 x 200 cm
Musée d'art moderne, Liège

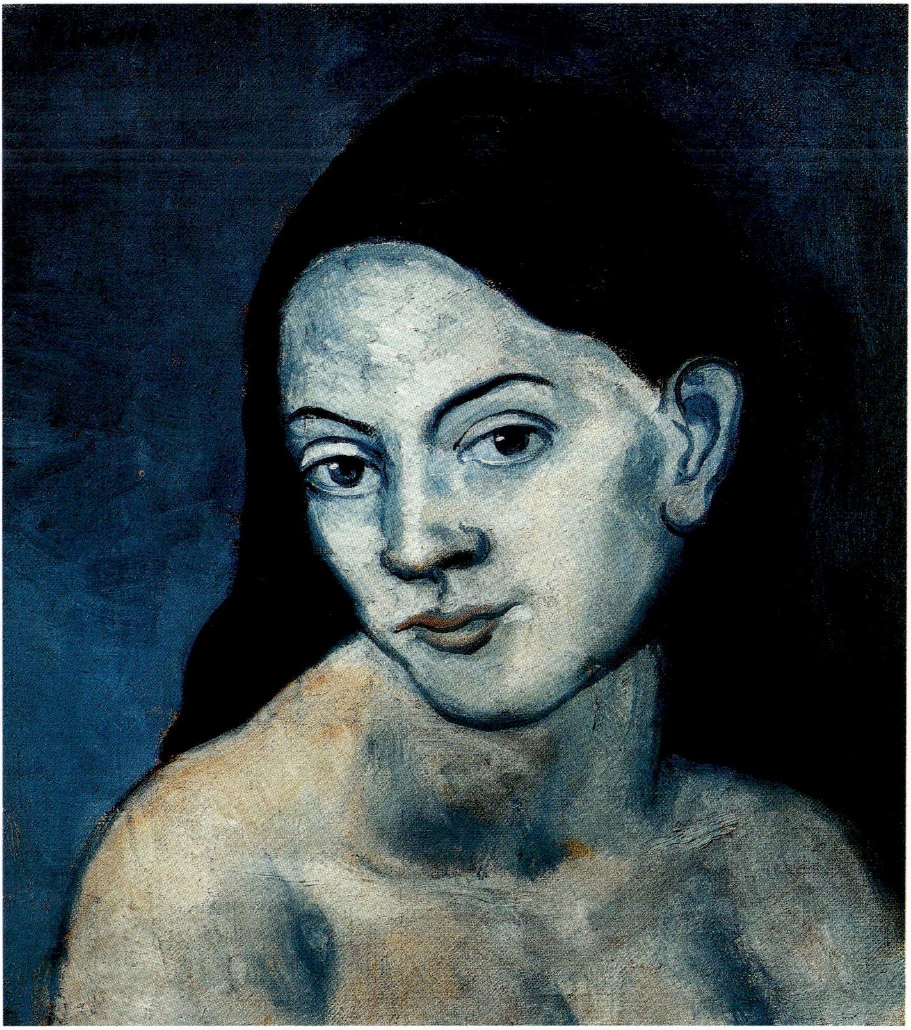

31 Tête de femme Barcelone, 1903
40,3 x 35,6 cm
The Metropolitan Museum of Art, New York
Succession Miss Adelaide Milton de Groot

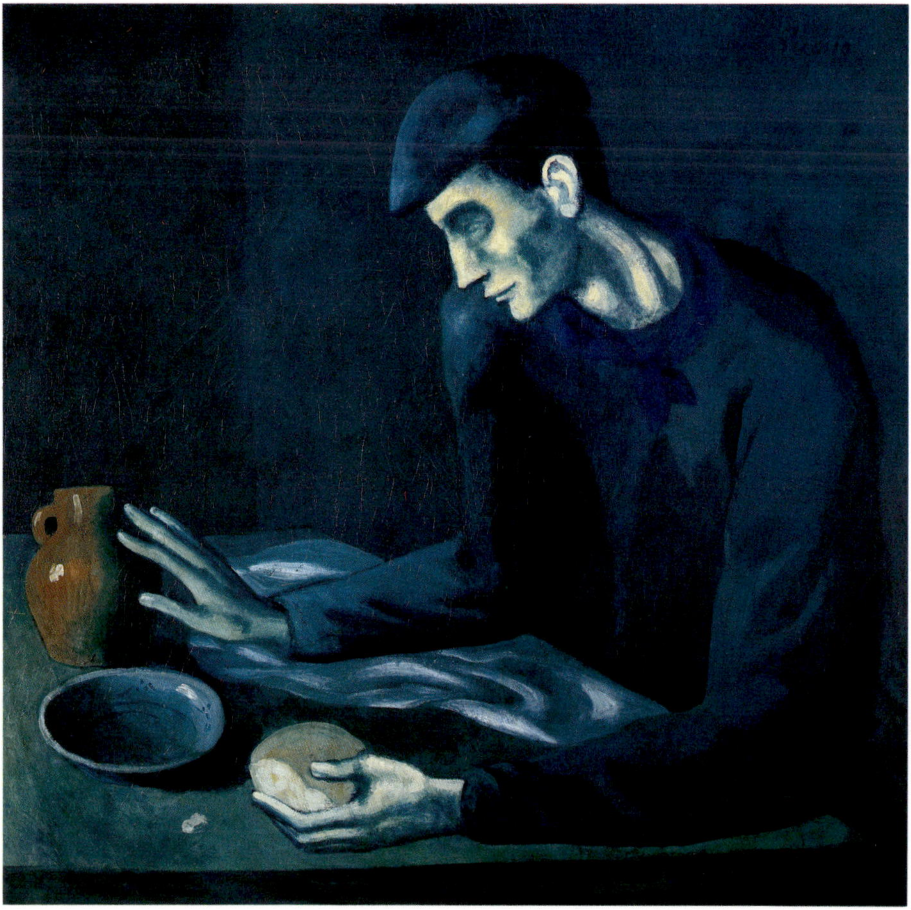

32 Le repas de l'aveugle Barcelone, 1903
95,3 x 94,6 cm
The Metropolitan Museum of Art, New York
Donation Mr. et Mrs. Ira Haupt 1950

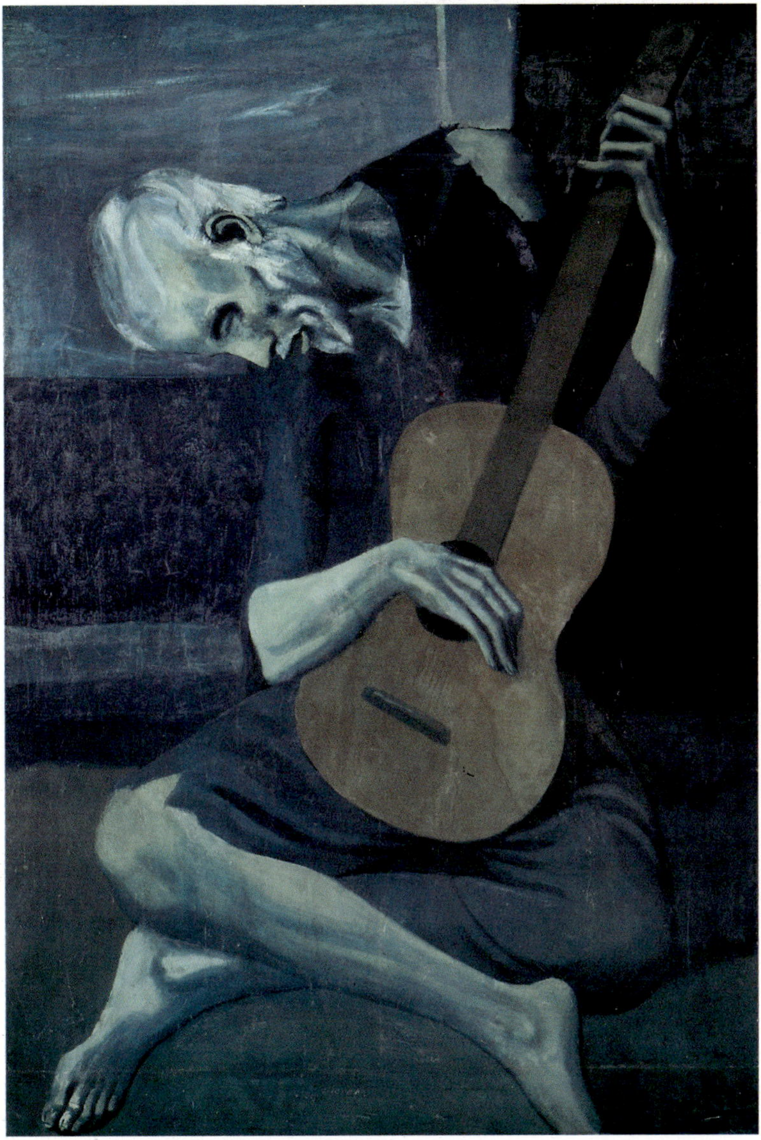

33 Le vieux guitariste Barcelone, 1903

Huile sur bois. 122,9 x 82,6 cm Art Institute of Chicago

Helen Birch Bartlett Memorial Collection 1926.253

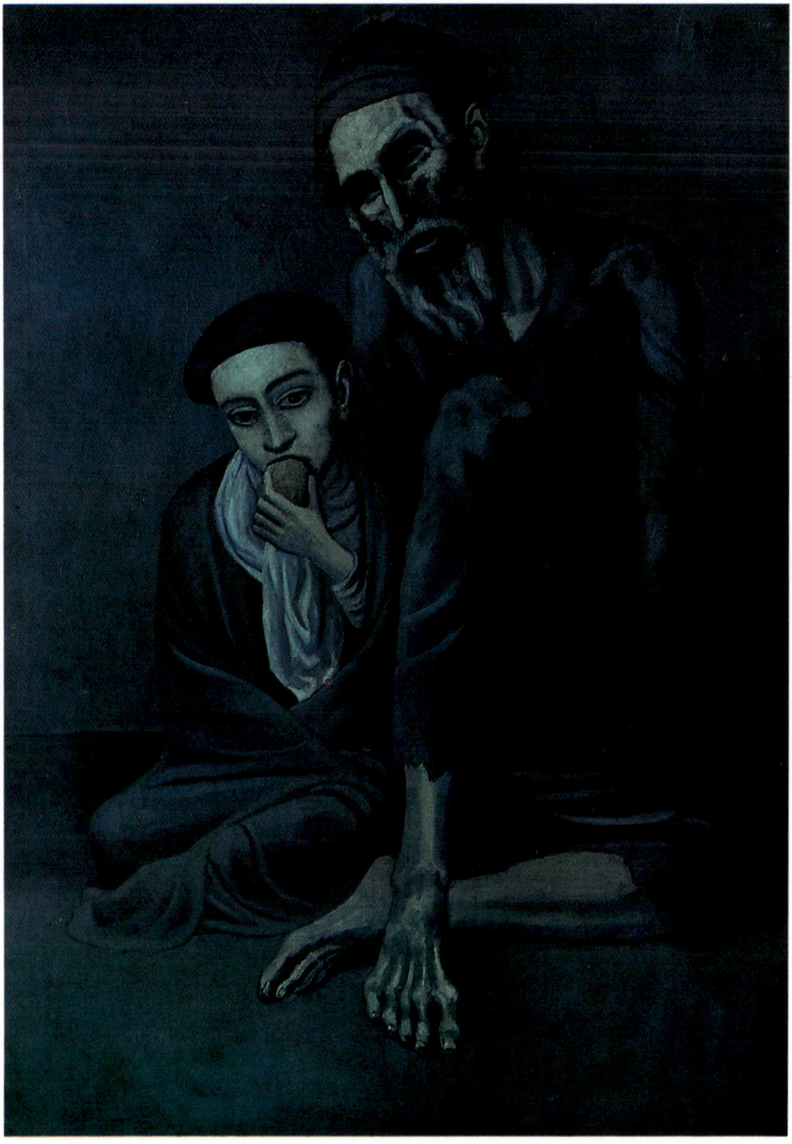

34 Le vieux Juif Barcelone, 1903
124 x 92 cm
Musée Pouchkine, Moscou

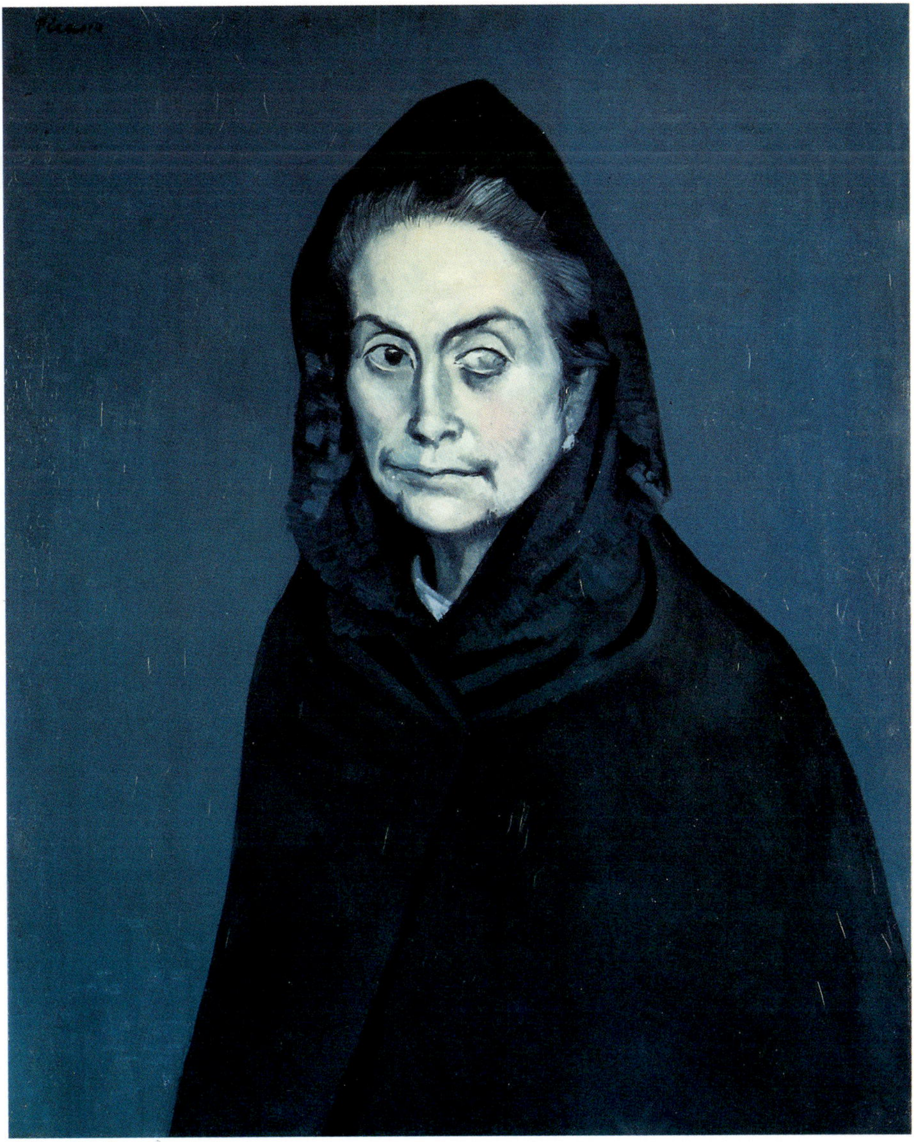

35 Célestine (L'entremetteuse) Barcelone, mars 1904
70 x 56 cm
Collection privée

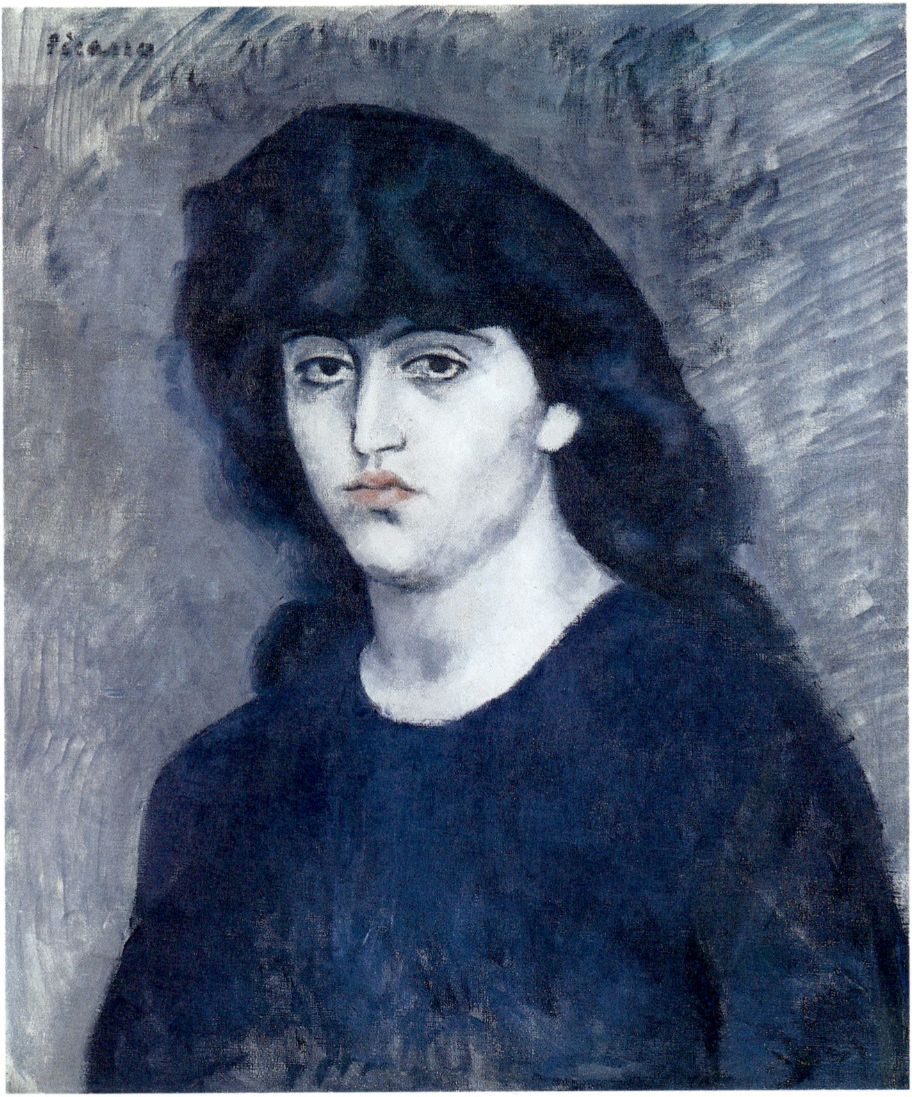

36 Portrait de Suzanne Bloch Paris, 1904
64 x 54 cm
Museu de Arte de São Paulo, Brésil

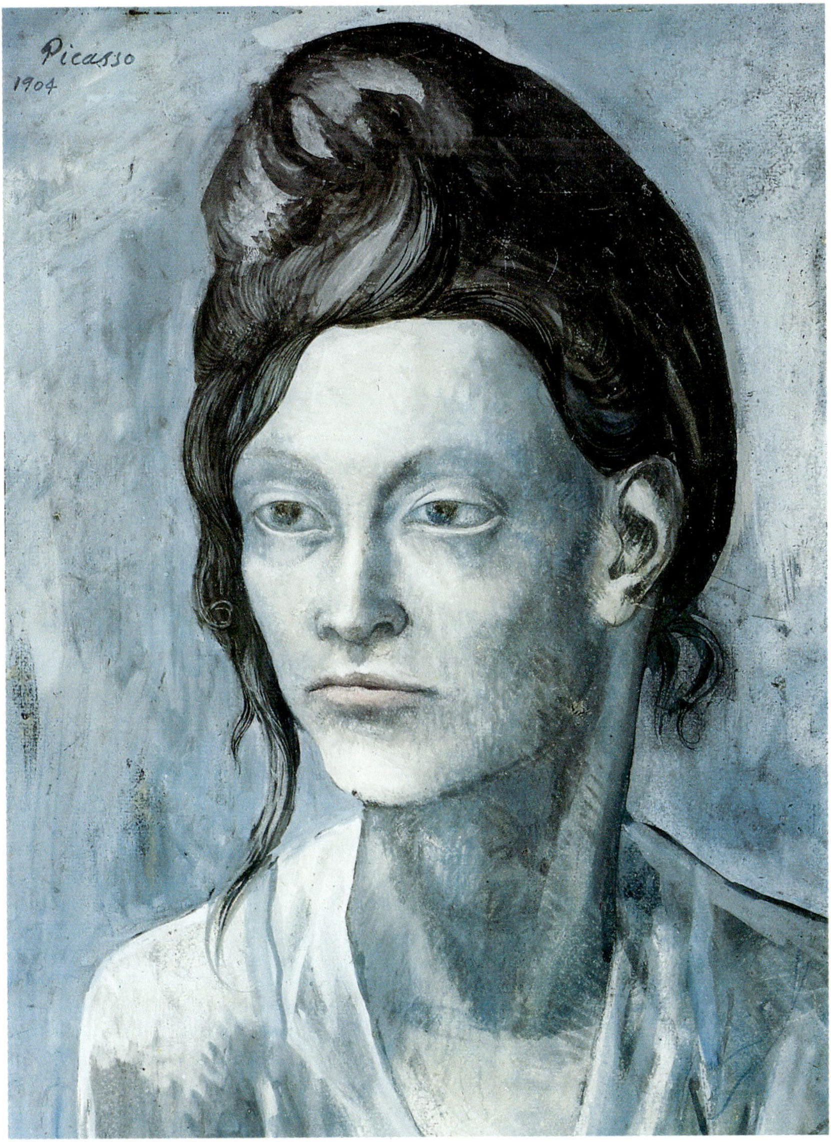

37 *La femme de l'acrobate* *Paris, 1904*
Gouache sur carton. 41,6 x 29,9 cm
The Art Institute of Chicago. Bequest of Kate L. Brewster 1950.128

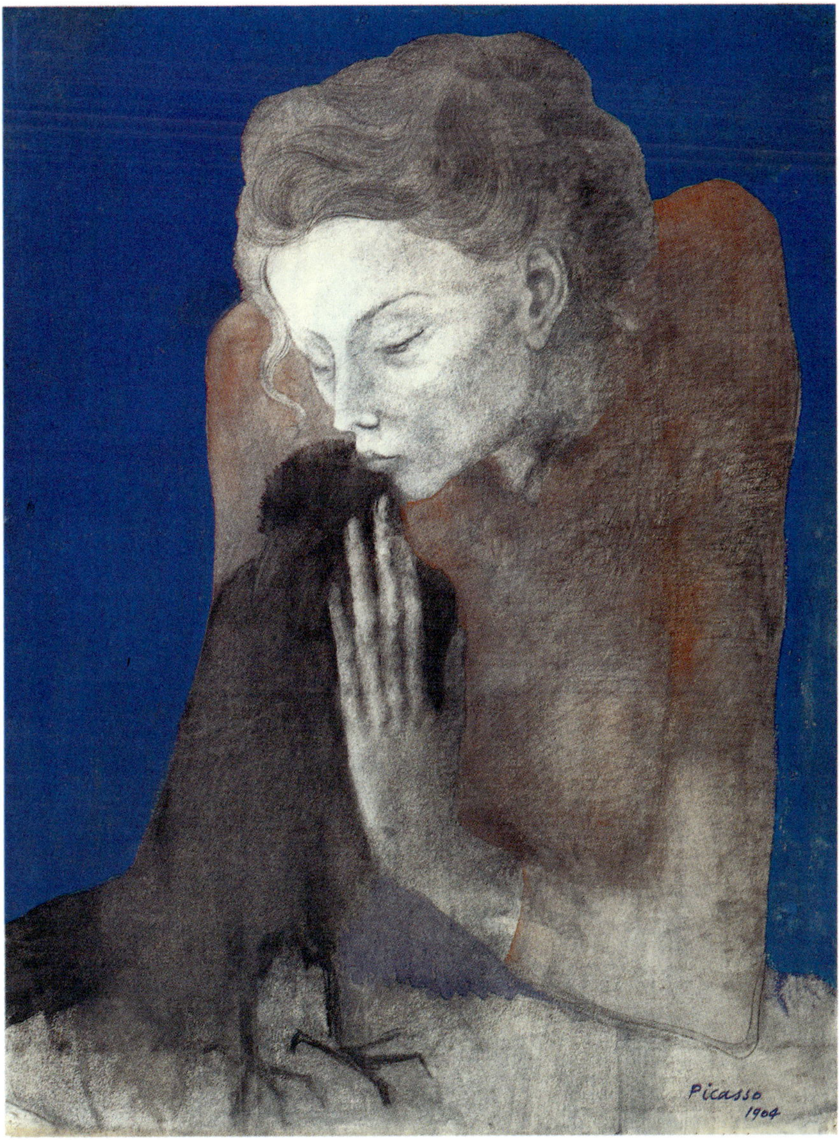

38 La femme à la corneille (2e version) Paris, 1904

Fusain, pastel et aquarelle sur papier.

64,8 x 49,5 cm

The Toledo Museum of Art, Toledo, Ohio. Gift of Edward Drummond Libbey

Eléments biographiques

1881 Naissance de Pablo Ruiz Picasso le 25 octobre à Malaga. Son père, José Ruiz Blasco est peintre et professeur de dessin; Picasso prendra plus tard le nom de sa mère, Maria Picasso y Lopez (à dater de 1901 il signera exclusivement ses œuvres par «Picasso»).

1884 Naissance de la sœur de Picasso, Lola.

1887 Naissance de sa sœur Maria de la Conceptión, appelée Conchita.

1891 Le père accepte un poste de professeur de dessin au lycée de La Coruña.

1895 Conchita meurt de la diphtérie, en janvier.
La famille s'installe à Barcelone, à la suite de la nomination du père à l'Académie des Beaux-Arts. Picasso est admis en automne dans la classe supérieure de dessin à l'Académie.

1899 Picasso est un client assidu du cabaret «Els Quatre Gats», le lieu de rencontre de l'Avant-garde littéraire et artistique de Barcelone. Il travaille dans l'atelier de son ami, le peintre Carlés Casagemas.

1900 En octobre, Picasso part pour Paris avec Casagemas. Il ne retourne à Barcelone que vers la fin de l'année.

1901 Picasso prend la direction artistique de la revue *Arte Joven* à Madrid; il en sera aussi l'illustrateur. Casagemas se suicide à Paris. La mort de l'ami bouleverse profondément Picasso. Il retourne à Paris en mai, pour y séjourner le restant de l'année; il travaille dans l'ancien atelier de Casagemas, Boulevard de Clichy.
Exposition chez Ambroise Vollard. Amitié avec Max Jacob. En automne, premières toiles de la Période bleue.

1902 Troisième séjour parisien à partir d'octobre. La situation financière de Picasso empire.

1903 En janvier, il rentre à Barcelone, dans l'ancien atelier de Casagemas. Durant les quatorze mois qui suivent, il y peint une cinquantaine de tableaux, dont *La vie*, *Célestine* et les toiles «maniéristes» influencées par Le Gréco, *Le vieux guitariste* et *Le repas de l'aveugle*.

1904 En avril, Picasso émigre définitivement à Paris. Il installe son atelier au Bateau-Lavoir, à Montmartre.
En automne, il fait la connaissance de Fernande Olivier avec qui il vivra jusqu'en 1911. Rencontre avec Guillaume Apollinaire.

1905 Début de la Période rose.

1906 Rencontre avec Matisse.

1907 De mars à juillet, il travaille au tableau *Les demoiselles d'Avignon*, la clef des Modernes du XXe siècle.

1908 Début de l'amitié avec Georges Braque. Ils vont collaborer étroitement ensemble.

1909 Début de la phase cubiste qui durera jusqu'en 1917.
Première exposition en Allemagne.
1911 Première Exposition en Amérique.
1912 Premiers collages. Expositions à Londres et à Moscou.
1913 Décès du père de Picasso en mai.
1915 Rencontre avec Jean Cocteau, Sergei Diaghilev et Eric Satie.
1917 Séjour à Rome avec Cocteau; il y dessine des esquisses de décors et de costumes pour une représentation des Ballets russes. Il y fait aussi la connaissance d'Olga Koklowa, une danseuse de l'Ensemble.
1918 Olga Koklowa et Picasso se marient à Paris.
1920 Début de la Période classique qui déterminera la peinture de Picasso jusqu'en 1924.
1923 Rencontre avec André Breton.
1924 La peinture de Picasso sera empreinte des démêlés avec la surréalisme jusqu'en 1929.
1926 Rencontre avec Marie-Thérèse Walter; la liaison durera jusqu'en 1936.
1932 En juin et juillet, se tient la première Rétrospective à la Galerie Georges Petit à Paris, avec 236 œuvres que Picasso a choisies lui-même.
1933 Picasso s'occupe activement des procédés d'impression d'Arts graphiques.
1936 Il fait la connaissance de la photographe Dora Maar.
La guerre civile espagnole éclate en juin. Picasso est nommé, par le Gouvernement de la République espagnole, Directeur du Prado.
1937 De mai à juin Picasso travaille au monumental *Guernica* qui sera exposé au Pavillon d'Espagne de l'Exposition mondiale de Paris qui ouvre ses portes en juillet.
1939 Décès de la mère de Picasso en janvier.
En novembre, s'ouvre une grande Rétrospective au Musée d'Art moderne de New-York.
1943 En mai, il fait la connaissance de Françoise Gilot qui sera sa compagne des dix années futures.
1945 En automne, Picasso commence des lithographies.
1946 D'août à novembre, Picasso travaille à l'invitation du Directeur du Musée Grimaldi à Antibes; les quelques vingt toiles qu'il y crée seront le fonds du Musée, qui prendra plus tard le nom de Picasso.
1947 Début du travail de céramique à Vallauris.
1953 Rétrospectives à Rome, Milan/Lyon et São Paulo.
Françoise Gilot quitte Picasso.
1954 Picasso fait la connaissance de Jacqueline Roque.
1955 En février, décès d'Olga Picasso.
Rétrospectives a Paris, Munich, Cologne et Hambourg.
1957 Grandes Rétrospectives à New York, au Museum of Modern Art, et à Philadelphie.
1960 Rétrospective à la Tate Gallery, Londres.

1961 Mariage en mars de Jacqueline Roque et de Picasso a Vallauris.

1963 Ouverture en mars du Musée Picasso à Barcelone.

1964 Rétrospectives au Canada et au Japon.

1966 En novembre, la plus grande exposition organisée jusqu'à cette date, « Hommage à Pablo Picasso », s'ouvre à Paris avec 700 pièces.

1968 A Mougins, 347 gravures voient le jour.

1970 Exposition de nouveaux travaux au Palais des Papes à Avignon.

1971 A l'occasion du 90e anniversaire de Picasso, la Grande Galerie du Louvre expose un choix de ses œuvres.

1973 Picasso meurt le 8 avril à Mougins. Il sere enterré à Vauvenarges.

Indications bibliographiques

Ce volume a été suggéré par l'exposition organisée en 1984 à Berne, au Kunstmuseum, par Jürgen Glaesemer sous le titre «Le jeune Picasso – Œuvre de jeunesse et Période bleue». Nous renvoyons particulièrement au catalogue de cette exposition et à ses textes: Catalogue de l'exposition «Der junge Picasso – Frühwerk und Blaue Periode» Kunstmuseum Bern, 1984, éd. par Jürgen Glaesemer, Zürich, 1984.

Autres publications:

Berger, John: *La Réussite et l'échec de Picasso*, Paris 1968

Besnard-Bernadac, Marie-Laure: *Le Musée Picasso, Paris.* Edition de la Réunion des musées nationaux, Paris 1986

Brassai: *Conversations avec Picasso*, Paris 1964

Daix Pierre/Boudaille, Georges: *Picasso, 1900–1906*, Neufchâtel, 1966

Gilot, Françoise/Lake, Carlton: *Vivre avec Picasso*, Paris, 1965

Munich 1981/82: Catalogue de l'exposition «Pablo Picasso zum hundertsten Geburtstag. Werke aus der Sammlung Marina Picasso», Haus der Kunst, Munich, Josef-Haubrich-Kunsthalle, Cologne et Städtische Kunsthalle, Francfort, 1981/82. Ed. par Werner Spies, Munich 1981

New York 1980: Catalogue de l'exposition «Pablo Picasso. A Retrospective» au Museum of Modern Art, New York 1980, éd. par William Rubin

Olivier, Fernande: *Picasso et ses amis*, Paris, 1933

Palau i Fabre, Josep: *Picasso. Enfance et adolescence d'un génie 1881–1907*, Barcelone, 1980

Penrose Roland: *Portrait of Picasso*, New York 1957

Sabartés, Jaime: *Picasso. Portrait et souvenirs*, Paris 1946

Spies, Werner/Piot, Christine: *Picasso. Das plastische Werk*, Stuttgart 1983

Stein, Gertrude: *Picasso*, Paris 1938, 2e éd. Paris 1978

Zervos, Christian: *Pablo Picasso*, Paris, Cahiers d'art, tome I, 1932 à tome XXXIII, 1978

Cher lecteur,

Afin de mettre en valeur les trésors de notre culture visuelle, arts, photographie et showbusiness, nous avons développé, sous le titre *La bibliothèque visuelle de Schirmer,* une collection particulière de livres de poche illustrés. Chaque volume comprendra environ quarante à cinquante planches très soigneusement choisies, imprimées en duotone ou en quadrichromie, qui donnent un aperçu général et achevé d'un corpus représentatif. Une grande qualité de reproduction et d'impression sur un beau papier, une noble présentation typographique, un format commode, un prix magasin modique et l'élégance de l'édition marqueront chaque volume de cette collection. Avec un texte d'introduction de vulgarisation scientifique et populaire, au meilleur sens de l'expression, *La bibliothèque visuelle de Schirmer* fournira dorénavant au jeune public de tous âges de belles monographies, suggestives et bon marché, où la volonté pédagogique s'allie au plaisir sensible.

Déjà parus:

1 Edward Hopper – Quarante chefs-d'œuvre

2 Edvard Munch – Les chefs-d'œuvre de jeunesse

3 Madonna Superstar

4 Romy Schneider – Portraits 1954–1981

5 Picasso – Chefs-d'œuvre de la Période bleue

A paraître:

6 Roy Lichtenstein – Peintures Pop

7 Joseph Beuys – Les premières aquarelles

8 Van Gogh à Arles